JN451597

생성형 AI 영상 제작

인공지능총서

인공지능 시대입니다. 기계가 인간의 인지를 대신하고, 사물이 인간을 통하지 않고 다른 사물과 직접 커뮤니케이션합니다. 이에 따른 인간 삶과 문명 변화를 정확히 이해·예측·대응하는 것은 이 시대 우리 모두의 과제입니다. 인공지능총서는 인공지능 기술과 환경의 여러 주제를 10가지 키워드로 정리합니다. 관련 개념과 이론, 학계와 산업계의 쟁점, 우리 일상의 변화를 다룹니다. 인간과 기술의 현재, 미래를 세심히 분석합니다.

일러두기

- 인명, 작품명, 저서명, 개념어 등은 한글과 함께 괄호 안에 해당 국가의 원어를 병기했습니다.
- 외래어 표기는 현행 어문규정의 외래어표기법을 따랐습니다.

처음이세요?

전문가세요?

생성형 AI 영상 제작

김광집 · 윤권수

대한민국, 서울, 커뮤니케이션북스, 2025

생성형 AI 영상 제작

지은이 김광집 · 윤권수
펴낸이 박영률

초판 1쇄 펴낸날 2025년 3월 25일

커뮤니케이션북스(주)
출판 등록 2007년 8월 17일 제313-2007-000166호
02880 서울시 성북구 성북로 5-11
전화(02) 7474 001, 팩스(02) 736 5047
commbooks@commbooks.com
www.commbooks.com

ISBN 979-11-7307-674-9 03500

책값은 뒤표지에 표시되어 있습니다.

차례

영상 제작의 AI 패러다임

4차 산업혁명(Industry 4.0, Fourth Industrial Revolution)은 컴퓨터와 인터넷 등 정보통신 및 정보처리 기술의 발전을 통해 클라우드, 빅데이터, 인공지능 기술 등을 디지털화 한다. 4차 산업혁명은 물리적, 생물학적 영역의 경계가 없어지고, 연결성이 극대화되며 융합과 지능화를 통해 완전히 새로운 미래 사회로 진입하는 패러다임의 변화다(임규건 외, 2019).

4차 산업혁명 시대에는 미디어 산업도 다양한 디지털 기술의 영향 아래 새로운 혁신을 요구받게 된다. 특히 인공지능으로 촉발된 기술 혁신은 미디어 산업 자체를 바꿔 놓고 있다. 2017년 구글(Google)이 발표한 트랜스포머(Transformer) 모델은 대규모 데이터를 병렬적으로 처리하며 기존 모델들보다 훨씬 정교하고 효율적인 결과를 도출할 수 있게 되었고, 이는 생성형 AI(Generative AI) 기술의 근간이 되었다. 이후 오픈AI(OpenAI)가 선보인 GPT(Generative Pre-trained Transformer) 시리즈는 텍스트를 생성하는 것에서 시작해 점차 영상, 음악,

이미지 등 다양한 분야로 확장되며 생성형 AI의 대중화 시대를 열었다. 또한 생성형 AI 기술의 발전은 미디어 콘텐츠의 제작과 소비 방식도 근본적으로 변화시키고 있다.

기존 AI 기술은 알고리즘을 통해 시청자의 취향을 분석하거나 맞춤형 콘텐츠를 추천함으로써 시청자가 자신이 소비하는 콘텐츠에 대해 더 많은 선택과 유연성을 갖게 만드는 수준이었다. 하지만 진화를 거듭한 AI 기술은 기존 예측형 분석을 넘어 콘텐츠 제작, 편집, 배포 등 미디어 콘텐츠의 다양한 단계에 깊이 관여하기 시작했다. 이렇게 발전한 생성형 AI 기술은 생산 효율성을 높이고 비용을 절감하는 동시에 창의적 콘텐츠의 공급까지 폭발적으로 증가시키고 있다(김민수, 2024).

이런 과정을 거치며 생성형 AI는 창작 도구로서 가능성을 입증하며, 단순한 자동화, 추천화 기술을 넘어 창작의 본질을 탐구하는 도구로 자리 잡게 되었다. 생성형 AI는 단순히 디지털 기술의 혁명을 넘어 그 이상의 의미를 가지고 콘텐츠 제작의 패러다임을 근본적으로 재정립하고 있다.

창작의 정점, 영상 제작

창작 분야에서 영화나 방송으로 대표되는 영상 산업은 모든 창작의 요소가 모이는 창작의 정점과 같다. 영상 제작이라 함은 대본, 촬영, 편집, VFX, 음악, 믹싱, 마스터링 등 모든 창의적 과정의 집합체라 할 수 있다. 영상 제작에 대한 개념은 그 시초인 영화의 탄생부터 살펴봐야 한다. 영화의 탄생과 발전은 과학 기술과 불가분의 관계에 있기 때문이다(전병원, 2018).

이탈리아의 평론가 리초토 카누도(Ricciotto Canudo)는 영화를 제7의 예술로 명명하며, 그 이유를 영화가 기술의 기반 아래 탄생할 수 있었던 예술이기 때문이라 했다(Canudo, 1923). 영화라는 시각 예술은 토머스 에디슨(Thomas Edison)의 카메라 발명과 조지 이스트먼(George Eastman)의 필름 발명이 없었더라면 탄생할 수 없었던 예술이기 때문이다. 영화를 메커니즘(Mechanism) 예술이라 부르는 이유다. 에디슨의 키네토스코프(Kinetoscope)는 뤼미에르 형제의 시네마토그라프(Cinematographe)를 나오게 했고, 촬영과 영상 기능을 모두 갖춘 시네마토그래프는 관객이 영화를 한 장소에서 동시에 관람할 수 있는 개념인 '시네마'를 탄생시켰다. 이후로도 영화는 무수히 많은 기술의 발전을 함께하며 무성 영화에서 유성 영화로, 흑백 영상에서 컬러 영상으로, 2D에서 3D 영화로 발전해 왔다(전병원, 2018).

임규건 등(2019)은 4차 산업혁명 시대의 한국 영화 기술 발전 방안 연구에서 영화 산업이 4차 산업혁명의 등장으로 인공지능, 가상현실, 머신러닝 등 기술 간 융합을 통해 새로운 제작 도구를 제공하고, 소비자들에게 색다른 경험을 제공할 것이라 했다. 또한 AI의 자연어 처리 및 창작 알고리즘을 통해 시나리오 및 콘티 작성, 수정 작업 등이 가능할 것으로 내다봤다. 이전에는 촬영하기 어려웠던 지역에서도 드론이나 로봇을 활용해 촬영이 가능할 것이고, 가상현실 영화 속 요소를 인식해 개인이 가상 객체, 영화 캐릭터와 상호작용도 가능할 것이라 했다. 빅데이터를 이용한 영화 흥행 실적 예측도 가능할 것이라 했다.

놀라운 것은 이러한 미래를 예측한 당시 연구 시점에서부터 지금까지 불과 5년이 지났을 뿐인데, 현재는 언급한 대부분이 모두 현실화되었다는 점이다. 기술의 발전이 가장 민감하게 반영되는 영상 산업의 특성으로 볼 수도 있다. 그러나 단순히 기술과 불가분의 관계에 있는 영상산업이라서 기술 수용이 빠른 것이 아니다. 여러 기술이 현실화된 지금, 더욱 눈여겨봐야 하는 것은 바로 인공지능이다.

생성형 AI와 영상 제작의 혁신

생성형 AI의 탄생은 단순한 기술 발전의 결과물이 아니라 컴퓨터 과학과 딥러닝(Deep Learning) 기술이 지속적으로 발전해 온 결과다. 인공지능의 기초는 1956년 다트머스 학회(Dartmouth Summer Research Project On Artificial Intelligence)에서 정의되었으며, 앨런 튜링(Alan Turing)의 "기계가 생각할 수 있는가?"라는 질문에서부터 발전되었다. 이후 생성형 AI는 데이터를 학습하고 이를 바탕으로 새로운 콘텐츠를 생성하는 방향으로 발전하며, 단순히 주어진 명령을 수행하는 도구에서 벗어나 창의적 과정에 직접 참여하는 파트너로 자리 잡고 있다. 생성형 AI가 창작의 정점인 영상 제작에 깊숙이 들어왔다.

영상 제작의 시작점은 스토리와 아이디어다. 생성형 AI는 이 초기 단계에서부터 강력한 도구로 작용한다. 창작자가 몇 가지 아이디어를 제공하면 생성형 AI는 이를 기반으로 캐릭터 설정, 플롯 전개, 심지어 세부 대사까지 생성할 수 있다. 또한 생성형 AI는 시각 효과와 후반 작업에서도 혁신을 일으키고 있다. 강지영(2024)은 영화가 그 시작부터 기술 발전에 민감하게 반응한 산업이며, 현실에서 구현하기 어려운 장면을 만들어 내는 VFX 기술이 특히 기술 발전에 민감한 영향을 받는다고 했다. 또한 AI 기술의 도입이 VFX 작업을 더욱 효율적이고 혁신적으로 변화시킨다고 했다. 그 예로 영화 〈아이리시맨(The Irishman)〉에서 딥페이크(Deepfake) 기술을 사용해 배우들의 젊은 시절을 재현한 것과 영화 〈제미니맨(Gemini Man)〉에서 윌 스미스의 젊은 모습을 디지털로 구현한 점을 들었다. 생성형 AI를 활용한 영상 제작은 이미 활발하게 진행되고 있다.

창작자와 AI의 공존, 기회와 도전

생성형 AI는 창작자를 대체하는 것이 아니라 협력자로서의 가능성을 제시한다. 생성형 AI는 창작자가 상상하지 못한 아이디어를 제안하고 이를 구체화할 수 있도록 돕는다(한정훈, 2024). 새로운 창작 파트너로서 예술적 차이나 미적 감각의 차이로 다툴 일도 없는 좋은 파트너인 셈이다. 그러나 이러한 협력은 창작자의 역할에 대한 근본적인 질문을 던진다. 생성형 AI가 제작한 콘텐츠가 얼마나 인간적일 수 있을지에 대한 질문이다. 생성형 AI와 인간의 창작물이 구분되지 않는 시대가 된다면, 창작자의 정체성은 어디에 위치하게 될지 누구도 알 수 없다.

생성형 AI는 영상 제작의 새로운 패러다임을 열고 있다. 인간의 창의성과 기술의 융합 가능성을 극대화하고 있다. 하지만 기술 발전과 함께 해결해야 할 윤리적, 법적 문제도 많다. 미래의 영상 제작은 인간과 AI가 협력해 더 창의적이고 혁신적인 작품을 만들어 가야 할 것이다. 이를 위해 모두가 함께 지속적인 논의를 해야 한다.

이 책의 구성

이 책은 단순히 생성형 AI를 영상 제작에 어떻게 사용할 것인가에만 초점을 맞추는 것이 아니라, 영상 제작이라는 큰 관점에서 생성형 AI라는 기술을 바라본다. 생성형 AI를 하나의 도구로만 보는 것이 아니라 창작의 파트너로 바라본다. 영상을 제작할 때 기본에서부터 출발하고 그 기본을 혁신과 잘 융합해야 비로소 훌륭한 영상 콘텐츠가 탄생할 수 있다는 것을 알리고자 한다.

생성형 AI는 하루아침에 생긴 기술이 아니다. 지속적인 노력 끝에 결실을 맺고 있는 과학기술이다. 생성형 AI를 이해하려면 인공지능의 역사와 발전 동향에 대해 제대로 알아야 한다. 인공지능은 인간과 동일하게 만들고자 하는 우리의 바람으로 탄생한 존재이기 때문이다. 인공지능의 역사(1장)와 생성형 AI 발전 동향(2장)을 통해서는 생성형 AI가 급성장할 수 있었던 이유와 우리의 업무와 일상에 어떻게 이렇게 빨리 확산될 수 있었는지 알아보았다. 인공지능이 발전해 온 과정을 이해하면 앞으로의 발전 방향과 활용 방안을 충분히 예측해 볼 수 있다.

생성형 AI와 창작자(3장)에서는 생성형 AI 기술을 바라보는 인간 창작자의 관점에 대해 논의해 보았다. 기술을 무조건 두려워하는 것이 아니라 어떻게 하면 가장 잘 수용하고 잘 이용할 수 있을지에 대한 해답을 정리했다.

생성형 AI와 영화 제작(4장)과 생성형 AI와 버추얼 휴먼(5장), 생성형 AI 영상 제작 도구(6장)에서는 영화 산업에서 생성형 AI 기술이 실질적으로 활용되는 사례를 짚어 보고 버추얼 휴먼을 통해 생성형 AI 기술이 각광받을 수밖에 없는 이유를 설명했다. 더불어 실질적으로 영상 제작 시 사용할 수 있는 유용한 생성형 AI 도구들을 영상 제작 각 분야로 구분해 특징들을 설명했다.

생성형 AI와 영상 문법(7장), 생성형 AI와 멀티 플레이어(8장)에서는 생성형 AI를 활용한 영상 제작 시 필요한 창작자의 자세와 태도에 대해 저자의 실제 경험을 토대로 기술했다. 생성형 AI 기술만이 아니라 모든 영상 제작 기술이 효과적으로 합리적으로 사용될 수 있게 제작 환경을 구축하는 것에 중점을 두고 설명했다.

다음으로 생성형 AI와 저작권(9장)에서는 인공지능 기술을 이용하는 사용자의 관점에서 가져야 할 윤리의식과 생성형 AI 기술로 만들어진 창작물을 바라보는 관점을 정리했다. 마지막으로 생성형 AI 영상 제작 교육(10장)에서는 생성형 AI에 대한 관심은 매우 높지만 체계적인 교육 과정의 부재로 인해 발생하는 부작용을 들며, 생성형 AI를 활용한 영상 제작 시 반드시 필요한 교육 내용을 정리했다. 특히 전문가가 아닌 비전문가를 피교육생으로 전제하고 미래의 생성형 AI 영상 제작 인력을 양성하기 위한 청사진을 제시했다.

영상 제작은 항상 기술적 진보와 긴밀하게 연결되어 왔다. 초기 영화는 필름과 카메라의 발명에서 시작되어 디지털 기술을 기반으로 새로운 시대를 열었고, 이제는 생성형 AI라는 혁신적 기술의 도입으로 또 다른 변곡점을 맞이하고 있다. 생성형 AI는 단순한 기술을 넘어 영상 제작의 철학과 방법론을 새롭게 재정립하고 있다. 이 총서가 생성형 AI가 영상 제작에 가져온 변화와 그 함의, 그리고 기술적, 사회적 과제를 다각도로 살펴봄으로써 독자들이 이 새로운 패러다임을 이해하고 앞으로 나갈 수 있도록 안내자 역할을 하길 기대해 본다.

참고문헌

강지영(2024). AI 기반 VFX 소프트웨어의 혁신: 영화 제작의 새로운 시대. ≪디지털콘텐츠학회논문지≫, 25(8). 2239-2250.

김민수(2024.12.4). 생성형 AI, 미디어 산업의 패러다임을 바꾸다… 신입기자가 사라진다?. 아웃소싱타임즈. http://www.outsourcing.co.kr/news/articleView.html?idxno=100536

남유정(2022). 시대 변화에 따른 SF영화의 발전 양상 및 한국 SF영화의 활성화 가능성 연구. 중앙대학교 석사학위논문. http://www.riss.kr/link?id=T16085787

박병윤(2014). 디지털기술 발전에 따른 영화 부가시장의 다변화. ≪현대영화연구≫, 10(3). 207-237.

배성필(2021). 디지털 콘텐츠 산업동향에 관한 연구. ≪산업진흥연구≫, 6(2). 1-10.

임규건 외(2019). 4차 산업혁명 시대의 한국영화기술 발전방안에 관한 연구. ≪한국IT서비스학회지≫, 18(3). 37-51.

전병원(2018). 4차 산업혁명시대 영화영상 기술변화와 스토리텔링의 대응. ≪인문과학연구≫, 59. 165-183.

한정훈(2024). AI와 버추얼 프로덕션은 현재다. ≪MEDIA ISSUE&TREND≫, 05+06월호, Vol.62, 한국방송통신전파진흥원.

Canudo, R.(1923). *The Manifesto of the Seventh Art.* Paris: Éditions de la Sirène.

Jain, A., & Canet, L.(2023.4.19). Three ways media leaders can leverage generative AI. Google Blog. https://cloud.google.com/blog/products/media-entertainment/what-generative-ai-means-for-the-media-and-entertainment-industry?e=13802955&hl=en

01
AI의 역사

인공지능 기술은 발전 과정에 따라 크게 세 가지 단계인 약인공지능, 강인공지능, 초인공지능으로 구분된다. 인간의 업무 수행에 유용한 도구로 설계된 약인공지능부터 인간을 완벽하게 모방하는 강인공지능과 인공지능이 만들어 낼 궁극의 초인공지능까지, 생성형 AI로 대표되는 인공지능 대중화 시대를 맞아 인공지능의 역사를 돌아보며 미래를 준비하는 방법을 찾아야 한다.

AI와 1인 창업?

AI의 탄생

인공지능(Artificial Intelligence)은 20세기에 들어서야 컴퓨터 과학의 발전을 통해 구체화된 개념이다. 컴퓨터 과학의 아버지 앨런 튜링(Alan Turing)은 컴퓨팅 기계의 지능에 대한 관심을 갖고 연구를 했고, "기계가 생각할 수 있는가?"라는 질문을 제기했다. 튜링은 1950년에 영국의 철학 저널인 ≪마인드(Mind)≫에 '컴퓨팅 기계와 지능(Computing Machinery and Intelligence)'이라는 논문을 발표하고, 인간과 구별하기 어려운 수준으로 대화하는 지능형 기계의 잠재력에 대해 설명했다. 이를 판단하기 위한 방법으로 '이미테이션 게임(Imitation Game)'을 제안했는데, 이 게임은 이후 '튜링 테스트(Turing Test)'로 알려지며 기계의 지능을 평가하는 기준으로 사용되고 있다. 튜링의 연구는 기계가 인간과 같은 지능을 가질 수 있다는 생각의 효시가 되었고, 오늘날 인공지능 기술의 모태가 되었다.

이후 1956년, 다트머스 대학에서 열린 인공지능 학회에서는 수많은 과학자들이 모여 인공지능이란 무엇인지에 대해 열띤 토론을 했다. 존 매카시(John McCarthy) 교수가 주관한 다트머스 학회에서 인공지능이라는 용어가 처음 공식적으로 등장했으며 학문적 연구 분야로서 인공지능의 기틀을 만들었다. 매카시 교수는 “기계가 학습하고 추론하며 문제를 해결할 수 있는 시스템을 연구하는 것”을 인공지능이라고 정의했으며, 이 정의는 인공지능 연구의 근간이 되었다. 그러나 다트머스 학회에서 전망한 인공지능의 발전 수준은 지나치게 낙관적이었으며, 실제로는 기술적 한계로 인해 성과가 매우 제한적이었다. 이후 기술적 한계가 계속되다가 1970년대에 들어서 “1차 AI 겨울”이라 불리는 시기가 찾아오며 인공지능의 발전 속도는 매우 느려졌다.

기계학습의 종류

기계학습(Machine Learning)에 대한 개념은 1997년, 톰 미첼(Tom M. Mitchell)의 저서인 『기계학습(Machine Learning)』에서 “어떠한 작업 T에 대해 꾸준한 경험 E를 통해 그 T에 대한 성능 P를 높이는 것”이라고 구체적으로 정의되었다. 이 정의는 매우 명확한 개념으로 지금까지도 기계학습의 개념으로 통용되고 있다. 기계학습은 크게 세 가지 개념으로 구분하는데, 지도학습(Supervised Learning)과 비지도학습(Unsupervised Learning), 그리고 강화학습(Reinforcement Learning)으로 나눌 수 있다. 이 세 종류 기계학습의 간단한 차이를 살펴보면 지도학습은 문제와 답이 모두 존재하는 학습이고, 비지도학습은 문제는 존재하지만 답은 알아서 구해야 한다는 점이 다르다. 여기에 강화학습은 문제도 답도 알아서 찾아야 한다는 점에서 크게 달라진다.

지도학습은 입력과 라벨이 주어진 상황에서의 경험을 통한 학습을 의미한다. 어떤 입력을 통해 출력을 도출할 때 각각의 입력에 대한 라벨을 구분해 붙여 주면, 그 데이터를 토대로 기계가 학습해 결과물을 출력하는 것이라 보면 된다. 가령 뇌종양을 판단하는 사진으로 뇌종양인지 아닌지를 판별하는 결과를 얻고자 한다면, 기계에게 어떤 것이 뇌종양이고 어떤 것이 아닌지를 알려 주는 모든 답을 입력값에 라벨로 달아 주는 것이다. 그렇게 해서 입력에 대한 예측과 라벨의 차이가 최소화되도록 학습하면 기계는 올바른 답을 도출할 수 있다. 하지만 현실적으로 모든 입력에 라벨을 매길 수는 없기 때문에 데이터 세트 구축이 어려워 좀 더 구체적인 출력값의 정답을 얻기 위해서는 무한대의 라벨을 매겨야 한다는 어려움이 있다.

비지도학습은 사람 없이 컴퓨터가 스스로 라벨이 되어 있지 않은 데이터를 학습하는 것을 의미한다. 비지도학습은 정답이 없는 문제를 푸는 것으로 학습이 맞게 되었는지 확인이 어려운 단점이 존재한다. 하지만 프랑스의 컴퓨터 과학자 얀 르쾽(Yann LeCun)은 진짜 인공지능이 인간처럼 되기 위해서는 비지도학습을 넘어서 자기지도학습(Self-Supervised Learning)을 거쳐야 한다고 말하며 비지도학습의 중요성을 언급했다.

기계학습에서 가장 큰 효과를 가져오는 학습 방법은 강화학습이다. 강화학습은 환경 자체가 경험으로 주어지는 상황에서의 학습을 의미한다. 현재의 상태에서 어떤 행동을 취하는 것이 최적인지를 학습하는 것이다. 이러한 행동을 할 때마다 외부 환경에서 보상이 주어지는데, 이러한 보상은 간접적이고 지연적으로 제공되며 이렇게 쌓인 보상의 총합이 최대화가 되도록 학습하는 것이 강화학습의 핵심이다. 가령 수많은 상황에서의 판단을 요구하는 게임의 경우, 어떤 상황에서 어떤 판단이 최선일지 알 수가 없다. 특정 판단에 대한 결과는 게임의 승패라는 보상을 통해서 알게 되는데, 이 승패라는 보상을 신호라고 할 때 이 신호를 효과적으로 활용하는 것이 강화학습의 목표다. 지도학습이 문제와 답을 모두 알려주는 친절한 선생님이라면, 강화학습은 모든 입력에 대한 정보를 제공하지 않고 일련의 행동, 즉 판단을 지켜보다가 가끔 엄지 손가락으로 점수만 매기는 불친절한 비

평가를 떠올리면 이해가 쉽다.

심층학습과 인공 신경망

인공지능과 관련해서 다양한 용어들이 등장하는데 먼저 그 개념을 구분하는 것이 인공지능을 이해하는 데 중요하다. 우선 인공지능이라 함은 기계가 주변 환경과 상호작용하는 다양한 방법을 말하는 가장 큰 범주의 개념이다. 사람과 유사한 지능을 탑재한 기계가 인간처럼 행동하거나 업무를 수행하는 것을 들 수 있다. 반면 기계학습(Machine Learning)이라 함은 인공지능의 한 부분집합으로, 단순 프로그래밍이 아닌 '학습'에 초점을 맞춘 기능이라 볼 수 있다. 기계학습은 복잡한 알고리즘을 이용해 대량의 데이터를 분석하고 패턴을 인식해 결과를 예측하는 기능을 목표로 한다. 다음으로 심층학습(Deep Learning)은 기계학습의 한 부분집합으로, 컴퓨터의 지능을 한 차원 더 높이는 역할을 하는 학습이다. 보통 '딥러닝'이라 불리는 심층학습은 더 큰 규모의 데이터와 큰 컴퓨팅 파워, 즉 연산력을 바탕으로 심층신경망으로 모델링하는 기술이다. 인간의 개입 없이 새롭게 발견한 지식을 다른 데이터에 적용해 예측도가 더욱 강력해지는 기술이라고 할 수 있다.

심층학습에 대해 더 설명하기에 앞서서 인공 신경망(Artificial Neural Network)에 대한 개념을 짚고 넘어가야 한다. 인공 신경망은 행렬 수학을 모델로 삼아 소프트웨어적으로 인간의 뉴런 구조를 본떠 만든 기계학습 모델로 인간의 시각, 청각 피질을 구현한 알고리즘이다. 1943년, 워런 맥컬럭(Warren McCulloch)과 월터 피츠(Walter Pitts)는 인간의 신경 구조를 복잡한 스위치들이 연결된 네트워크로 표현할 수 있다고 제안하며 인공 신경망에 대한 수학적 개념을 만들었는데(McCulloch & Pitts, 1943), 이것은 1958년에 프랭크 로젠블랫(Frank Rosenblatt)이 제안한 조금 더 일반화된 신경망 구조인 퍼셉트론으로 발전한다(Rosenblatt, 1958) 단층 퍼셉트론은 입력을 여러 가중치를 통해서 가중합을 얻고, 그 가중합 결과에 활성함수를 이용해서 출력을 도출하는 개념이다. 이 이론은 1969년 마빈 민스키(Marvin Minsky)와 시모어 페퍼트(Seymour Papert)의 저서 『퍼셉트론(Perceptrons)』에서 그 한계를 극복하고 발전하게 된다. 민스키와 페퍼트는 단층 퍼셉트론이 선형 데이터 구분이 안 되어 XOR 연산이 불가능하다는 한계를 개선하기 위해 다계층 퍼셉트론을 구축하면 XOR 연산이 가능하다는 것을 증명했다. 하지만 민스키와 페퍼트는 이 역사적 발견에도 불구하고 다계층 퍼셉트론도 컴퓨팅 기술의 물리적 한계 때문에 학습시킬 방법이 없다고 단언했으며, 이로 인해 1차 인공지능의 겨울이 시작됐다.

이후로 인공지능 연구는 1980년대까지 관심을 받지 못했지만, 1980년대 중반 데이비드 러멜하트(David E. Rumelhart), 제프리 힌턴(Geoffrey Hinton), 로널드 윌리엄스(Ronald J. Williams)가 제시한 미분의 연쇄 법칙을 사용해 다계층 퍼셉트론을 학습시킬 수 있는 역전파 알고리즘을 개발하며 인공신경망 연구가 화려하게 부활했다. 하지만 이 이론도 신경망의 계층이 조금만 깊어져도 역전파 알고리즘이 이론처럼 작동하지 않는 한계를 노출하며, 다시 2차 인공지능의 겨울이 시작됐다.

인공지능의 겨울을 끝내고 다시 인공신경망에 대한 활발한 연구를 시작할 수 있게 된 계기는 2000년대에 들어서부터다. 2000년대 들어서 그래픽 처리 장치(GPU), 디지털 신호 처리 장치(DSP), 신경망 처리 장치(NPU)와 같은 연산 가속 하드웨어의 혁신적인 발전으로 처리 속도가 대폭 개선되었으며, 퍼셉트론들로 구성된 은닉층을 다층으로 쌓고, 각 층을 서로 연결해 연산하는 기법이 가능해졌기 때문이다. 이를 계기로 심층학습이 가능해졌고, 인공지능 연구는 크게 발전해 오늘날에 이르렀다.

심층학습의 종류

인공 신경망을 이용한 심층학습의 대표적인 몇 가지 예를 살펴보면, 먼저 합성곱 신경망(Convolutional Neural Network, CNN)이 있다. 1989년 인간의 시신경 구조를 모방해 만들어진 인공신경망 알고리즘으로 다수의 합성계층(Convolutional Layer)로부터 특징 맵(Feature map)을 추출하고 서브샘플링(Sub-sampling)을 통해 차원을 축소해 특징 맵에서 중요한 부분만 가져오는 방식이다. 이미지 분류나 시맨틱 분류, 옵티컬 플로 등 대부분의 컴퓨터 비전 분야에서 필수적으로 사용되는 기술이다. 적은 연산량과 높은 성능으로 각광받는 알고리즘이다.

다음은 순환 신경망(Recurrent Neural Network, RNN)이다. 다층 퍼셉트론 신경망은 입력이 출력 방향으로만 활성화되고 은닉 뉴런이 과거의 정보를 기억하지 못하는 단점이 있는데, 이럴 경우 알고리즘이 들어온 문맥을 기억할 수 없는 것이 문제가 된다. 특히 이런 단점은 시간에 따라 연속성을 지니는 동영상과 같은 시계열 분석 관련 문제에서 해결이 어렵다. 이런 단점은 뉴런의 출력이 다시 입력으로 피드백되는 재귀적인 연결 구조를 가진 순환 신경망을 통해 쉽게 해결될 수 있다. 가령 텍스트의 경우, 앞에서 무슨 단어가 나왔는지가 다음에 나올

단어를 예측하기 쉽게 한다. 이렇게 순환 신경망은 음성 인식, 필기 인식, 텍스처 인식 등의 수준을 높인다.

다음으로 생성형 적대 신경망(Generative Adversarial Network, GAN)이 있다. GAN이라고 불리는 심층학습 기법으로, 랜덤 노이즈로부터 가상의 데이터를 생성하는 네트워크가 더 실제와 같은 데이터를 생성할 수 있도록 진위 여부를 판별할 수 있는 네트워크를 붙여 경쟁적으로 학습시키는 생성형 AI 모델이다. 2014년 이언 굿펠로(Ian Goodfellow)는 생성자(Generator)와 판별자(Discriminator)의 두 신경망이 상호 경쟁하며 학습하는 방식을 통해 데이터의 분포를 효과적으로 모델링할 수 있음을 보였다(Goodfellow et al., 2014). GAN은 기본적으로 비지도학습의 한 종류이지만, 파생된 방법인 조건부 생성형 적대 신경망(Conditional GAN, cGAN)은 지도학습에 활용되기도 한다. 이 접근법은 이후 다양한 분야에서 생성형 AI 모델 연구에 큰 영향을 미쳤다.

이후 2017년에는 인공지능 업계에 큰 변혁을 가져오는 훗날 거대 언어 모델(LLM)의 토대가 될 역사적인 사건이 생겼다. 바로 구글의 '트랜스포머(Transformer)' 이론이다. 구글 브레인(현 구글 딥마인드)에서 연구하던 연구원 8명은 '어텐션 메커니즘'이라는 방식으로 트랜스포머 이론을 개발했는데, 이들은 두 가지의 기계 번역 문제에 대해 실험했고, 학습 시간이 매우 적어야 한다는 것과 병렬적이어야 한다는 조건에서 트랜스포머 모델이 질적으로 우수했다는 것을 증명했다(Vaswani et al., 2017). 결론적으로 트랜스포머 이론은 질적으로 우수한 대규모 언어 심층학습 및 적용이 가능해졌다는 것을 의미했고, 다른 분야에도 이를 일반화할 수 있음을 보여 주었다. 구글은 트랜스포머 기술을 오픈소스로 일반에 개방했고, 이로 인해 누구나 트랜스포머를 이용해 거대 언어 모델을 개발할 수 있는 토대가 만들어졌다. 오픈AI, 앤트로픽, 인플렉션AI, 퍼플렉시티 등의 기업이 탄생할 수 있었던 역사적 사건인 것이다. 이 트랜스포머 이론을 기반으로 탄생한 빅테크 기업들은 2022년에 들어서 생성형 AI의 시대를 열었다. 2022년 하반기부터 클라우드 컴퓨팅을 기반으로 한 빅테크 기업이 주도하는 생성형 AI 경쟁은 점점 가속화되었고, 챗지피티(ChatGPT)를 시작으로 연구용이나 기업용으로 제한적으로만 사용되던 생성형 AI 기술은 일반인들이 쉽게 접할 수 있는 기술이 되었으며, 이로 인해 인공지능의 대중화 시대가 열렸다.

참고문헌

곽주현(2018.9.12). "진짜 AI는 인간처럼 자기지도학습 거쳐야"… 대가들이 보여준 AI의 미래. 한국일보. https://www.hankookilbo.com/News/Read/201809121756760329

Goodfellow, I., et al.(2014). Generative adversarial networks. *Advances in Neural Information Processing Systems*, 27.

McCarthy, J., et al.(1955). A Proposal for the Dartmouth Summer Research Project on Artificial Intelligence. Retrieved from http://www-formal.stanford.edu/jmc/history/dartmouth/dartmouth.html

McCulloch, W. S., & Pitts, W.(1943). A logical calculus of ideas immanent in nervous activity. *Bulletin of Mathematical Biophysics, 5*(4), 115-133.

Minsky, M., & Papert, S.(1969). *Perceptrons*. MIT Press.

Mitchell, T. M.(1997). *Machine Learning*. McGraw-Hill.

Rosenblatt, F.(1958). The perceptron: A probabilistic model for information storage and organization in the brain. *Psychological Review, 65*(6), 386-408.

Rumelhart, D. E., et al.(1986). Learning representations by back-propagating errors. *Nature, 323*(6088), 533-536.

Turing, A. M.(1950). Computing machinery and intelligence. *Mind*, 59(236), 433-460. https://doi.org/10.1093/mind/LIX.236.433

Vaswani, A., et al.(2017). Attention is all you need. *Advances in Neural Information Processing Systems*, 30.

Zhai. X., et al.(2019). S4L: Self-Supervised Semi-Supervised Learning. 2019 IEEE/CVF International Conference on

Computer Vision (ICCV). 1476–1485, doi: 10.1109/ICCV.2019.00156.

02
생성형 AI 발전 동향

생성형 AI의 발전은 인공일반지능(Artificial General Intelligence, AGI)으로 향하고 있다. 오픈AI가 출시한 챗지피티 모델은 인간의 일상생활에 생성형 AI를 성공적으로 정착시켰다. 생성형 AI 발전 동향을 통해 기술을 명확히 이해하고 발전 방향을 가늠해 미래에 인간의 삶에 유익한 기술로 사용하기 위한 노력을 해야 할 때다.

AI와 MBTI?

생성형 인공지능 시대

오픈AI가 구글 프랜스포머 구조와 심층학습 기반의 인공 신경망을 활용해 거대 언어 모델(Large Language Model, LLM)을 탄생시킨 시점부터 우리는 생성형 AI의 시대에 살고 있다. 오픈AI 개발자들은 꾸준히 발전한 컴퓨터 연산 능력을 기반으로 스케일을 기하급수적으로 늘리며 거대 언어 모델을 만들어 냈다. 2022년 11월 30일, 오픈AI는 GPT-3.5를 기반으로 하는 대화형 인공지능 모델을 처음 공개하며 일반인이 일상 생활에서 거대 언어 모델을 자유롭게 사용할 수 있게 만들었다. 챗지피티라 불리는 이 거대 언어 모델은 공개 후 5일 만에 100만 명 이상의 사용자를 확보하며 생성형 AI 시대의 서막을 열었다. 챗지피티를 필두로 한 생성형 AI는 이후에도 수많은 모델들이 출시되었으며, 전문적인 지식이나 교육을 받지 않아도 누구나 전문 영역에서 다양한 작업을 할 수 있도록 만들어 주었다. 문학, 회화, 사진, 영상, 디자인 등 다양한 전문 분야가 더 이상 전문가의 영역이 아닌 대중의 영역으로 변화한 것이다.

생성형 AI의 발전 동향은 GPT-2를 시작으로 GPT-3, GPT-4를 거치면서 비약적으로 발전한 오픈AI의 챗지피티의 발전 동향과 유사하다. 챗지피티는 현재는 멀티모달(MultiModal) 학습이 가능한 인공지능이 되었으며, 텍스트와 이미지, 음악, 영상 등 다양한 콘텐츠를 생성해 낼 수 있다.

생성형 AI와 프롬프트 엔지니어링

생성형 AI는 사용자가 입력하는 텍스트, 이미지, 비디오, 오디오 또는 소프트웨어 코드와 같은 명령어를 통해 독창적인 콘텐츠를 생성할 수 있는 인공지능이다. 생성형 AI는 방대한 양의 데이터에서 패턴과 관계를 파악하고 인코딩한 다음, 이를 활용해 사용자의 자연어 요청이나 질문에 관련 있는 새로운 콘텐츠로 응답한다. 프롬프트 엔지니어링은 생성형 AI가 특정 고품질의 출력을 생성하도록 입력을 설계하고 최적화하는 과정이며, 사용자의 의도를 정확하게 이해하고 원하는 결과를 도출할 수 있도록 돕는 과정이다.

GPT-3에서 문맥 기반 학습(In-Context Learning)의 개념이 등장하며, 이때부터 프롬프트 엔지니어링이라는 개념이 등장했다고 볼 수 있다. GPT에게 프롬프트를 준다는 것은 지시 사항을 주는 것이며, 이 지시 사항을 어떻게 주느냐에 따라서 출력값이 달라진다는 것을 확인할 수 있었다(Brown et al., 2020). 사용자가 예시를 주면서 지시를 내렸을 때 GPT는 출력값을 잘 내놓지만, 아무 지시도 주지 않았을 때는 출력값이 좋지 않았다. 이는 문맥(Context) 내 학습과 프롬프트 엔지니어링이 밀접한 관계를 갖고 있다는 것을 말해 준다. 또한 프롬프트에 풀이 과정(Chain of Thoughts)을 입력할 경우 추론 능력이 비약적으로 발전한다는 것을 확인할 수 있는데, 복잡한 작업에서 일반적인 프롬프트를 주는 것보다 풀이 과정을 추가로 입력할 때 훨씬 좋은 결과를 도출한다는 것을 확인할 수 있었다(Wei et al., 2022). 또 다른 효율적인 방법으로는 프롬프트에 'Let's think step by step'이라고 단계별로 생각하라는 지시를 넣는 것이다. 이렇게 프롬프트를 지시할 경우, 벤치마크 정확도가 17.7%에서 78.8%로 급증하는 것을 확인할 수 있었다(Kojima et al., 2022). 거대 언어 모델에서 성능을 올리기 위해서는 막대한 비용을 들여 모델 사이즈를 몇 배 이상 키워야 하는데, 프롬프트만 좀 더 정교하게 넣어도 성능이 비약적으로 올라간다는 것은 효율성의 측면에서 매우 긍정적인 발전이었다.

GPT-3.5에서는 강화학습의 개념이 적용되어 사용자가 어떤 지시를 하면 그대로 따르도록 하는 지침 조정(Instruction Tuning)의 개념이 더해졌다. 사용자가 지시한 내용과 수행 결과물을 모아 사용자의 피드백으로 강화학습을 한 결과, GPT-3.5는 무엇이든 지시해도 이해하고 수행할 수 있는 수준이 되었다(Ouyang et al., 2022). 이러한 결과는 생성형 AI의 발전에서 강화학습이 얼마나 중요한지를 보여 주는 사례가 되었다. 대표적인 사례로 과거 알파고와 이세돌 9단의 바둑 대국을 들 수 있다. 알파고가 이세돌 9단을 4대 1로 이기며, 바둑에서 인공지능이 사람을 능가한다는 것을 확인할 수 있었다. 이후 알파고 제로라는 새로운 모델이 나왔는데, 이름이 제로인 이유는 사람의 기보를 넣지 않았다는 의미였다. 알파고가 이미 사람보다 바둑을 잘 두는 수준이 되었기 때문에 사람의 기보가 필요하지 않게 된 것이다. 인공지능과 인공지능이 강화학습을 통해 서로 학습하고 경쟁하며 진화하는 과정을 거치게 된 것이다.

생성형 AI 산업의 발전

오픈AI의 거대 언어 모델 챗지피티가 성장하는 동안 미국에서는 또 다른 거대 언어 모델이 탄생했다. 바로 2021년 오픈AI 출신 다리오 아모데이(Dario Amodei)와 다니엘라 아모데이(Daniela Amodei) 남매가 설립한 앤트로픽(Anthropic)이라는 스타트업 기업이다. 앤트로픽은 2022년 구글 클라우드와 공식 파트너십을 맺었고, 2023년에는 아마존으로부터 40억 달러, 구글로부터 20억 달러의 투자금을 유치하며 급성장했다. 앤트로픽이 공개한 거대 언어 모델 클로드 3(Claude 3)는 GPT-4와 유사한 성능을 갖고 있는 것으로 평가받고 있다. 또 다른 빅테크 기업인 메타(Meta)에서도 2023년 2월 라마(LLaMA)라는 거대 언어 모델을 공개하며 생성형 AI 경쟁에 뛰어들었다. 메타는 2023년 7월에 라마 2(LLaMA 2)를, 2024년 7월에는 라마 3.1(LLaMA 3.1)을 발표하며 지속적으로 모델을 발전시켜 왔다. 특히 라마 3.1은 4,050억 개의 파라미터를 갖춘 오픈소스 AI 모델로, 이전 버전보다 성능과 규모 면에서 크게 향상되었고, 현존하는 가장 강력한 AI 모델로 평가받았다. 메타의 라마는 오픈소스로 공개된 것이 특이점이다. 라마가 공개됨으로서 전 세계적으로 생성형 AI 기술의 발전은 비약적으로 도약할 수 있었다. 라마를 기본 모델로 해서 작은 기업이나 개인까지도 각자의 데이터에 맞춰 파인튜닝(Fine-Tuning)이 가능해졌으며, 재학습을 통해 개발자가 의도한 작업에 대해 더 나은 생성형 AI 모델을 만들 수 있게 된 것이다. 한 사례로 스탠포드대학교에서 만든 알파카(Alpaca)라는 모델을 들 수 있다. 알파카는 라마를 기본 모델로 하며 자기 지침 조정(Self-Instruct Tuning)을 통해 GPT-3 및 GPT-4, 라마 같은 거대 언어 모델로부터 데이터를 수집하고, 단 52K개의 샘플만으로 학습해 GPT-3.5와 유사한 성능을 보여 줬다(Taori et al., 2023). 알파카뿐만 아니라 LMsys라는 기업은 GPT 사용자 간 정보 공유 사이트(ShareGPT.com)에서 수집한 데이터로 GPT-3.5 수준의 성능을 보이는 비쿠나(Vicuna) 모델을 개발하기도 했다. 이 외에도 수많은 다른 모델들이 라마를 기본 모델로 해서 개발되고 있다. 라마의 기본 모델 공개는 의료, 법률, 교육, 미디어 등 다양한 분야에서 생성형 AI 모델을 활용할 수 있도록 기반을 만들어 주었으며, 이는 생성형 AI 산업 자체의 발전을 이끄는 계기가 되었다.

생성형 AI와 멀티모달

모달리티(Modality)는 무엇을 표현하거나 인식하는 방식을 의미한다. 예를 들어 사람이 동영상을 볼 때 영상의 프레임을 느끼고, 음성을 인식하고, 소리를 통해 해당 동영상의 정보를 인지하는 모든 방식을 말한다. 멀티모달(Multimodal)은 이러한 모달리티가 이기종 및 상호 연결된 데이터에 대한 모든 인식이 가능하도록 하는 연구라

할 수 있다. 우리가 사는 세상은 언어뿐만 아니라 모든 정보가 다양하고 다중의 정보와 신호로 이루어져 있으며, 사람은 눈으로 보고, 귀로 들으며, 손으로 느끼고, 코로 냄새를 맡고, 혀로 맛을 느끼듯, 모든 경험을 멀티모달을 통해서 인지하고 있다. 거대 언어 모델은 이러한 멀티모달을 통해서 심층 언어의 이해를 가능하게 하고, 인간을 흉내 내는 것이 아니라 그 자체로 인간만큼 지능적이 되고자 발전하고 있다. 즉, 거대 언어 모델의 성공은 궁극적으로 멀티모달 거대 언어 모델(MLLM)이 되는 것이며 인간 수준으로 세상을 인지하는 인공지능을 만드는 것이 목표다.

가장 최신 버전의 GPT-4o를 보면, 인간과 컴퓨터 간의 자연스러운 상호작용이 가능한 멀티모달 거대 언어 모델이 거의 완성에 가까웠음을 알 수 있다. GPT-4o는 사람 대화의 응답 시간(320㎳) 보다 응답 시간(232㎳)이 짧아졌으며, 그룹 대화에서 다양한 호흡 패턴을 구분하고 음성으로 화자를 구분하기도 한다. 다양한 감정을 표현하기도 하며, 음성의 볼륨과 속도를 변경하며 노래를 부를 수도 있다. 또한 50개 이상의 언어를 지원해 전 세계 인구의 97%와 언어 소통이 가능하다. GPT-4o는 2013년에 개봉한 영화 〈그녀(her)〉에서 등장했던 AI 비서 '사만다'와 가장 유사하다는 평가를 받기도 한다.

향후 멀티모달 거대 언어 모델은 더욱 발전할 것이다. 하지만 아직 해결해야 할 과제는 많이 남아 있다. 어마어마한 양의 파라미터를 효율적으로 학습하는 방법에 대한 효율적인 대안이 필요하고, 이미지, 텍스트, 오디오 등 더욱 많은 모달리티를 학습해야 하는 과제도 남아 있다. 또한 다양한 모달리티 내에서 데이터의 불균형 또한 문제가 될 수 있으며, 이러한 문제들로 인해 할루시네이션을 일으킬 수 있다. 멀티모달 거대 언어 모델을 만들기 위해 인공 신경망을 꾸준히 발전시키면서 막대한 컴퓨팅 비용이 발생하고, 막대한 전력이 소비되는 것도 개선해야 할 문제다. 이러한 과제를 해결하기 위해 온디바이스 생성형 AI 기술 또는 GPU를 대체할 수 있는 인공지능 칩 개발 등의 노력이 지속된다면, 미래에는 에너지 소비량을 줄이고 효율성을 높이는 완벽한 멀티모달 거대 언어 모델이 구현될 수 있을 것이다.

참고문헌

구본권(2017.10.19). 인간 도움 없이 독학한 알파고 제로, 범용 AI 나오나. 한겨레.
https://www.hani.co.kr/arti/economy/it/815702.html

김소연(2024). 생성형 AI와 프롬프트 엔지니어링 기반 아동 문해력 향상을 위한 애플리케이션 개발. ≪스마트미디어저널≫, 13(8). 26-38.
김슬기(2023). 생성형 AI를 활용한 프로그래밍 교육용 코드 생성 프롬프트 개발. ≪컴퓨터교육학회 논문지≫, 26(5). 107-117
이진호(2024.3.25). 오픈AI도 긴장하는 '앤트로픽'은 누구? 바이라인네트워크. https://byline.network/2024/03/240325_005/
임대준(2023.11.30). '챗GPT' 등장 1년… 내년에는 사람만큼 똑똑해져 있을까. AI타임스. https://www.aitimes.com/news/articleView.html?idxno=155566
Amazon Web Services(2024.11.20). 프롬프트 엔지니어링이란? - AI 프롬프트 엔지니어링 설명. https://aws.amazon.com/ko/what-is/prompt-engineering/
Brown, T., et al.(2020). Language Models are Few-shot Learners, *NeurIPS*.
GPT-4o. https://openai.com/index/hello-gpt-4o
IBM(2024.3.22). 생성형 AI란 무엇인가요? https://www.ibm.com/kr-ko/topics/generative-ai
Kojima, T., et al.(2022). Large Language Models are Zero-shot Reasoners, *NeurIPS*.
MLLM TUTORIAL. https://mllm2024.github.io/CVPR2024
Ouyang, L. et al.(2022). Training Language Models Follow Instructions with Human Feedback, arXiv.
Taori, R., et al.(2023). Alpaca: A Strong, Replicable Instruction-Follwing Model, arXiv.
Tutorial on MultiModal Machine Learning. https://cmu-multicomp-lab.github.io/mmml-tutorial/icml2023

Wei, J., et al.(2022). Chain-of Thoughts Prompting Elicits Reasoning in Large Language Models, *NeurIPS*.

Yin, S., et al.(2023). A Survey on Multimodal Large Language Models, arXiv.

Zhao, W. X., et al.(2023). A Survey of Large Language Models, arXiv.

03
생성형 AI와 창작자

창작자는 단순히 새로운 작품을 만드는 사람을 넘어 예술과 사회를 연결하는 중요한 매개체로서 그 가치를 지니고 있다. 창작은 오래 전부터 인간만이 할 수 있는 영역이지만, 생성형 AI 기술이 빠르게 발전하면서 창작자에게 두려움을 주고 있다. 생성형 AI와 인간의 예술적 창의성에 대한 새로운 접근을 통해 앞으로 창작자가 나아갈 길을 찾는 것이 필요하다.

AI와 난임 극복?

새로운 시대를 맞이하는 창작자

창작자라 함은 새로운 것이나 예술 작품 따위를 창작하는 사람을 말한다. 예술에서 창작자는 특정 예술 행위를 통해 자신의 생각이나 감정, 아이디어 등을 표현하는 사람으로 창의적인 활동을 통해 새로운 작품을 만들어 내는 역할을 한다. 창작자는 이 과정에서 개인적, 사회적, 철학적 메시지를 전달할 수 있으며, 우리는 이 메시지를 수용하고 감상하며 예술적 의미를 들여다볼 수 있다. 창작자는 기존 틀에서 벗어나 새로운 아이디어와 표현 방식으로 자신만의 생각을 표현할 수 있는 창의성(Creativity)이 있어야 하며, 작품의 주제와 형태에 대해 독립적인 결정을 내리고 자신만의 스타일을 갖는 자율성(Autonomy)이 있어야 한다. 또한, 언어, 음악, 시각 예술, 연극, 영화 등 다양한 매체를 활용해 자신의 내면 세계를 구체적 방식으로 표현할 수 있는 표현력(Expression)과 타인의 감정과 관점을 이해하고 작품에 반영할 수 있는 공감 능력(Empathy)도 있어야 한다. 그리고 지금 시대에서 창작자에게 요구되는 또 다른 능력은 새로운 기술이나 재료, 도구, 방식 등을 활용해 예술적 한계를 확장하려는 실험정신(Experimental Spirit)이다.

20세기 초반 영화의 예술적 가치를 주장한 리초토 카

누도는 1923년 발표한 '제7예술 선언(The Manifesto of the Seventh Art)'에서 영화가 기존 예술 형식들을 통합하여 새로운 예술의 경지를 연다고 주장했다. 카누도는 영화가 시각 예술과 시간 예술을 결합한 독창적인 매체로 현대 문명을 대표한다고 보았다. 그는 이전의 예술을 건축(Architectural Art), 조각(Sculptural Art), 회화(Pictorial Art), 음악(Musical Art), 춤(Dancing Art), 문학(Literary Art)이라는 여섯 가지 예술로 구분하고, 여기에 영화를 추가하며 제7의 예술로 명명했다. 영화가 다른 예술들의 요소를 종합해 시공간을 초월하는 새로운 형태의 예술이라고 보았기 때문이다.

카누도는 제7의 예술로서 영화의 특징은 건축의 구조, 회화의 색채와 구성, 문학의 이야기, 음악과 춤의 리듬 등을 포함하는 통합적 예술의 형태이고, 시간을 기반으로 한 이야기 전달과 공간적 구성이라는 특징을 동시에 갖는다고 했다. 또한 그는 영화가 이전의 고급 예술과 달리 대중과 가까운 매체라는 점도 강조했다.

카누도의 주장에서 눈여겨봐야 할, 제7의 예술로서 영화가 갖는 가장 큰 특징은 바로 영화가 기계적 기술을 기반으로 창조적이고 예술적인 표현이 가능한 예술이라는 점이다. 이것이 의미하는 바는 영화라는 예술이 탄생하기 위해서는 필름과 카메라라는 기계적인 발명, 즉 산업의 발전이 반드시 필요했다는 것이다. 필름과 카메라라는 산업의 발전이 선행되지 않았다면 탄생할 수 없었던 예술이라는 점이 지금의 영화 창작자에게 많은 점을 시사하고 있다. 기술의 발전이 새로운 예술을 탄생시켰던 과거의 사례가 새로운 시대를 맞이하는 창작자들이 바라봐야 하는 길을 알려 주고 있다.

창작자가 생성형 AI 시대를 바라보는 시각

생성형 AI는 현 시대의 모든 산업을 변화시키고 있다. 생성형 AI는 인간 고유의 영역이었던 창의성을 필요로 하는 예술 분야까지 침범하며 인간의 창의력을 바탕으로 하는 예술 분야에 이미 진입했다. 생성형 AI가 시나리오를 쓰고, 그림을 만들어 내고, 편집을 하며, 음악도 만들어 내고 있는 시대가 된 것이다. 2023년 미국 할리우드에서는 생성형 AI의 도입에 대한 우려로 인해 작가와 배우들이 동시 파업에 돌입했던 사건이 있었다. 이는 1960년 이후 63년 만에 미국작가조합(WGA)과 영화배우조합-미국텔레비전라디오방송인연맹(SAG-AFTRA)이 함께 파업에 나선 사례로 AI 파업으로도 불렸다.

할리우드 AI 파업의 원인은 생성형 AI가 작가들의 기존 작품을 학습해 새로운 콘텐츠를 생성할 수 있다는 점과 AI 기술을 활용해 배우들의 얼굴과 목소리를 무단으로 복제하거나 재사용할 수 있는 가능성이 제기되면서 지적재산권과 초상권이 침해될 수 있다는 이유였다. 2023년 5월 2일 미국작가조합이 파업을 시작한 데 이어 7월 14일에는 영화배우조합-미국텔레비전라디오방송인연맹이 파업에 합류하면서 할리우드의 영화 및 TV 제작이 중단되었으며, 경제적 손실이 40억 달러(약 5조 원)에 달할 것으로 추산되었다.

장기화 조짐을 보이던 파업은 9월 24일, 미국작가조합과 영화TV제작자연맹(AMPTP)이 생성형 AI 도입에 따른 작가들의 권리 보장과 스트리밍 수익 분배 등에 대한 잠정 합의에 도달하며 종료되었고, 영화배우조합-미국텔레비전라디오방송인연맹의 파업은 11월 8일 영화TV제작자연맹과 배우들의 최저 임금 인상, 스트리밍 재상영 분배금 증대, 건강 및 연금 보험 기여금 확대, 생성형 AI 활용에 대한 규제 등의 합의로 종료되었다. 이 파업으로 인한 경제적 손실은 캘리포니아주에서만 약 60억 달러(약 7조 8,504억 원)에 달한 것으로 추산되었다.

생성형 AI 시대에 창작자가 나아갈 길

할리우드 파업은 생성형 AI 시대를 바라보는 창작자의 시각이 어떠했는지 극명하게 보여 주는 사건이었다. 생성형 AI 기술의 도입이 창작자들의 권리과 생계에 미치는 영향이 얼마나 강한지 알게 되고, 생성형 AI 기술에 대해 인간이 어떻게 대처해야 하는지 보여 주는 사례였다. 이 사건은 앞으로 생성형 AI와 인간이 공존할 수 있는 방안에 대한 논의가 매우 중요함을 알려 주는 계기가 되었다.

하지만 생성형 AI 시대에 창작자가 나아가야 하는 방향은 조금 더 다른 시각으로 바라볼 필요가 있다. 2024년 10월 25일 고양 킨텍스 제2전시장에서 열린 대한민국 AI 국제영화제에서 김동연 경기도지사는 축사를 통해 영화 산업이 생성형 AI 기술과 융합해 새로운 시대를 열고 있다고 말했다. 김동연 지사는 이어서 생성형 AI 기술 발전이 미칠 영향에 대한 걱정이 없는 것은 아니지만, 어차피 기술의 진보라는 것은 커다란 변화에 대응하기 위해 필연적으로 겪어야 하는 것이라며 대한민국 AI 국제영화제를 만든 이유를 설명했다. 더불어 김동연 경기도지사는 무성 영화에서 음향이라는 기술이 더해져 유성영화로 넘어온 시기에도 사람들은 영화에 음성이 왜 필요하나는 반응을 보였지만, 지금 우리가 즐기는 영화는 모두 유성 영화라는 것을 강조했다. 즉 기술의 발전과 진보는 처음에는 어렵지만 나중에는 자연스럽게 받아들여지고 또 새로운 것을 창작하는 데 큰 도움이 된다고 말했다. 이러한 발언을 통해 김동연 경기도지사는 생성형 AI 기술과 영화 산업의 융합이 가져올 새로운 가능성에 대한 기대와 기술 발전에 따른 변화에 적극적으로 대응하겠다는 의지도 표명했다.

카누도가 주장한 제7의 예술로서 영화가 발전해 온 방향은 기술의 발전을 받아들인 결과이며, 대한민국 AI 국제영화제에서 김동연 경기도지사가 기술의 발전을 수용하고 예술은 새로운 도약을 해야 한다고 발언한 것처럼, 생성형 AI 시대에는 창작자가 나아갈 길이 정해져 있다. 우리는 새로운 기술이 트렌드와 문화를 이끄는 시대에 살고 있고, 생성형 AI라는 신기술이 창작이라는 인간의 고유 영역을 변화시킨다는 것을 실감하고 있기 때문이다. 생성형 AI는 창작의 새로운 도구일 뿐이다.

참고문헌

김영은(2023.9.29). AI로 대체되기 싫었다. 할리우드 파업 148일이 남긴 것. 이데일리.

https://www.edaily.co.kr/news/read?newsId=0121360663 5745040
김정은(2023.12.6). 할리우드 배우들, 파업종료 잠정 합의안 비준. 연합뉴스.
https://www.yna.co.kr/view/AKR20231206155500009
최경준(2024.10.2). 김동연 "상상력에 AI기술까지 얹어진 영화제 개최". 오마이뉴스. https://omn.kr/2apgj
Canudo, R.(1923). *The Manifesto of the Seventh Art*. Paris: Éditions de la Sirène.

04
생성형 AI와 영화 제작

디지털 기술의 발전은 영화 제작의 경계를 꾸준히 확장해 왔으며, 이제 그 최전선에는 생성형 AI가 있다. 스토리 개발, 캐릭터 창조, 시각 효과, 후반 작업까지 영화 제작의 모든 과정에서 생성형 AI는 창의성과 효율성을 극대화한다. 상상 속의 아이디어를 현실로 구현하는 것이 영화 제작이라면, 생성형 AI는 영화의 예술적 가능성을 더욱 크게 확장시키고 있다.

AI와 사주?

영화 제작의 패러다임 전환, 생성형 AI

최근 할리우드에서는 2024년 11월에 설립된 신생 영화 제작 스튜디오 '프로미스(Promise)'가 생성형 AI를 일부 시각 효과에 부분적으로 사용하는 것을 넘어 영화 제작 과정 전체에 적용하겠다는 혁신적인 포부를 밝혀 많은 영화 제작자의 이목을 집중시켰다. 프로미스 스튜디오의 설립자 조지 스트롬폴로스(George Strompolos)와 제이미 번(Jamie Byrne), 데이브 클라크(Dave Clark)는 홈페이지를 통해 수년간 프로젝트를 적극적으로 개발했으며, '뮤즈(MUSE)'라는 독자적인 생성형 AI 제작 워크플로 소프트웨어를 개발했다고 알렸다. 뮤즈는 최신 생성형 AI 기술을 창의적 과정 전반에 통합해 아티스트들이 협업하고 최고 품질의 작품을 제작할 수 있는 환경을 제공할 것이라고 했다. 프로미스 스튜디오는 베테랑 미디어 경영자인 전 뉴스 코퍼레이션 사장 피터 체닌(Peter Chernin)과 벤처 캐피탈 기업의 테크 투자자인 안드레센 호로위츠(Andreessen Horowitz)로부터 투자를 받았다. 프로미스 스튜디오의 설립자 스트롬폴로스는 3년 이내에 인터랙티브 콘텐츠와 같은 새로운 형식의 쇼와 영화를 제작할 수 있을 것이라 예상하며 생성형 AI로 영화 제작 전반의 과정을 수행하는 것이 가능함을 자신 있게 강조했다.

할리우드의 작가, 배우들의 파업으로 인한 우려와 달리 생성형 AI를 영화 제작에 적극적으로 받아들이는 스튜디오는 더욱 늘어나고 있다. 〈존 윅(John Wick)〉 시리즈를 제작한 라이언스게이트(Lionsgate)는 동영상 생성형 AI 기업 런웨이(Runway)와 계약을 체결하고 자신들만의 영화와 TV 쇼를 제작하는 모델을 만들고 있으며, 인비저블 유니버스(Invisible Universe) 등 애니메이션 스튜디오들은 생성형 AI를 사용해 틱톡이나 유튜브용 애니메이션 시리즈를 만들고 있다. 아카데미 수상 경력이 있는 〈아바타(Avatar)〉의 감독 제임스 캐머런(James Cameron)은 생성형 AI 기업 스태빌리티 AI(Stability AI)의 이사진으로 합류하며 할리우드 시각 효과 업계에 큰 이목을 끌었다.

할리우드의 대형 스튜디오들은 OTT 서비스에 대한 투자와 전통적인 TV 비즈니스 축소에 따른 적자를 감당하기 어려워 비용 지출에 민감할 수밖에 없다. 대형 스튜디오들은 더 이상 증가하는 콘텐츠 제작 비용을 지속적으로 감당할 수 없으며 반드시 비용 절감을 해야만 한다. 이것이 할리우드의 대형 스튜디오들이 생성형 AI 프로덕션에 관심을 가질 수밖에 없는 이유다.

비용도 시간도 줄이는 생성형 AI

생성형 AI는 영화뿐만 아니라 영상 제작 전반에 걸쳐서 큰 영향을 미치고 있다. 2022년 10월 개봉한 영화 〈에브리씽 에브리웨어 올 앳 원스(Everything Everywhere All at Once)〉의 경우 생성형 AI 기술을 통해 완성된 대표적인 영화로 주목받았다. 이 영화는 다중 유니버스 속에서 벌어지는 복잡한 시각 효과를 구현해야 했는데, 단 여섯 명의 시각 효과 아티스트만이 이 작업을 담당했다. 이런 대규모의 시각 효과 작업을 하기 위해서는 대규모 인력과 비용이 투입되는 것이 일반적인 제작 방식이지만, 이 영화는 이미지 생성형 AI 툴인 런웨이를 이용해 소수의 인원으로 작업했다. 생성형 AI를 영화 제작에 적극적으로 활용했을 때 효율성을 얼마나 극대화할 수 있는지 잘 보여 주는 사례다. 생성형 AI 기술을 통해 합성, 로토스코핑, 포스터까지 모두 제작하며 비용과 시간을 동시에 절감할 수 있었다.

또 다른 사례로는 〈포레스트 검프(Forrest Gump)〉로 아카데미 감독상을 수상한 로버트 저메키스(Robert Zemeckis) 감독의 신작 〈히어(Here)〉에 사용된 생성형 AI 기술을 들 수 있다. 이 영화는 주연 배우 톰 행크스(Tom Hanks)와 로빈 라이트(Robin Wright)의 60여 년에 걸친 삶을 묘사하기 위해 생성형 AI 기반의 실시간 디에이징 기술(De-aging technology)을 활용했다. 이 기술은 촬영 현장에서 배우들의 얼굴을 즉각적으로 변환해 전통적인 컴퓨터 그래픽스 제작 방식에 비해 시간과 비용을 크게 절감할 수 있었다. 생성형 AI 기술을 담당한 메타피직(Metaphysic)은 행크스와 라이트의 이전 영화 프레임에 맞춤형 머신러닝 모델을 학습시켜 얼굴 수정 시스템을 개발했다. 이를 통해 다양한 조명 조건과 카메라 각도에서의 얼굴 움직임, 피부 질감 및 외모에 대한 방대한 데이터 세트를 활용해 즉각적인 얼굴 변형을 생성할 수 있었다.

창작의 민주화를 이루는 생성형 AI

생성형 AI를 활용해 영화를 제작하는 또 다른 강점은 누구나 창작자가 될 수 있다는 점이다. 가까운 미래에는 아이디어 하나만 입력하면 시나리오가 완성되고, 시나리오 하나만 제시하면 영화가 완성되는 혁신적인 시대가 도래할 수 있을 것이다(번가남, 2024). 생성형 AI 기술은 영화 제작의 모든 공정을 대체하거나 보조할 것이며, 이러한 기술들은 앞으로 더욱 발전하여 영화 제작에서 인간의 역할을 재정립하는 중요한 계기가 될 것이다. 생성형 AI가 전면에 나서 영화의 모든 부분을 제작하게 될 것인지, 아니면 인간과 생성형 AI가 협력해 더 창의적인 작업을 할 것인지는 앞으로 더욱 중요한 논의 주제가 될 것이다(어비월드, 2024). 영화 제작의 문턱을 낮춰 더 많은 기회를 제공하는 이른바 '창작의 민주화'가 기대되는 이유가 바로 여기에 있다(김건수, 2024).

그러나 생성형 AI로 제작된 영화를 예술로 인정할 것인가에 대한 회의적인 시선도 있다. 단 몇 줄의 텍스트로 만들어지는 생성형 AI 영화에서 예술로서 창작의 고통과 깊이가 얼마나 들어 있는가에 대한 의문이 생길 수밖에 없기 때문이다. 제1회 두바이 국제 AI 영화제에서 대상과 관객상의 2관왕을 수상한 권한슬 감독은 언론과의 인터뷰에서 생성형 AI 영화 제작이 실제 촬영보다 창작의 고통이 더 컸다고 말했다. 하지만 고품질 프리미엄 콘텐츠로서 영화를 만드는 할리우드의 대형 스튜디오나 국내 메이저 영화 제작자들은 이를 비판적인 시선으로 볼 수밖에 없다. 전통적인 영화 제작의 창작의 고통과 노력, 진정성의 차이를 생성형 AI 영화와 단순 비교할 수 없다고 생각하기 때문이다.

창의성, 인간성, 진정성 그리고 AI

생성형 AI가 창작하는 콘텐츠는 컴퓨터의 인공 신경망이 인간과 유사한 사고를 하며 만들어 내는 창작물이다. 이는 인간의 고유 영역이라 생각되는 창작이라는 행위를 컴퓨터가 대신하게 하는 것과 같은 의미다. 다시 말하면, 인간이 창작한 것과 생성형 AI가 창작한 것에 대해 어떤 창작물이 더욱 창의적인 것인가에 대한 답을 내리기 어렵다는 뜻이다. 쉽게 비교하자면, 대학생이 레포트를 쓸 때 챗지피티를 사용해 모두 작성했을 경우, 교수가 그 레포트를 학생의 창작물로 볼 수 있을 것인가 하는 의문과 같다.

스튜디오와 콘텐츠 제작자들이 생성형 AI에 과도하게 의존하는 것은 그들의 작품이 생성형 AI 모델의 출력물로 정의될 수 있는 위험을 안고 있다. 다시 말해, 콘텐츠가 지나치게 예측 가능하거나 파생적인 성격을 띨 수 있으며, 소비자에게 그들이 이미 원하는 유형의 콘텐츠만 제공함으로써 혁신적이거나 놀라운 요소를 잃어버릴 수 있다는 것이다(Deloitte, 2024). 생성형 AI로 제작한 영화를 인간이 만든 것으로 볼 것인지, 컴퓨터가 만든 것으로 볼 것인지 영화 제작자 스스로도 혼란에 빠질 위험이 충분하다.

국내 가상 인간 아이돌 중에 가장 인기가 많은 플레이브(PLAVE)를 탄생시킨 블라스트(VLAST)의 대표에게 언젠가 가상 인간의 본체를 완벽히 인공지능으로 대체해야 하지 않겠냐는 질문을 한 적이 있다. 블라스트 대표의 대답은 의외로 그렇게 하지 않겠다는 것이었다. 높은 인기로 팬덤까지 형성된 것은 플레이브 본체의 인간적인 면이 그대로 드러났기 때문이라는 이유였다. 즉, 창작에서는 인간적인 면이 중요하고 그 가치가 손상되면 오히려 인공적인 인격체는 익숙하면서도 비현실적이어서 불쾌감을 줄 수 있다.

이러한 현상은 몇 가지 시사점을 준다. 영화라는 예술에 생성형 AI를 활용하는 과정에서 모든 의사 결정에는 인간이 반드시 개입해야 하고, 효율성과 자동화의 극대화도 좋지만 인간의 창의력을 증대하고 확장하는 방향으로 초점을 맞춰야 한다는 것이다. 그렇게 인간의 진정성과 생성형 AI의 기술이 접목될 때 우리는 다가오는 미래를 긍정적으로 바라볼 수 있을 것이다.

참고문헌

김건수(2024.8.21). [논설위원의 시선]영화판 뒤흔드는 AI영화. 부산일보.

https://www.busan.com/view/busan/view.php?code=2024082118015584410
번가남(2024). 인공지능이 영화 제작을 대체할 가능성에 관한 연구 – 오픈AI의 챗GPT와 소라를 중심으로 –. ≪한국과학예술융합학회≫, 42(3).
어비월드(2024.11.6). 카메라 없이 만드는 영상 제작의 시대, 생성형 AI가 이끄는 창작의 혁신. Samsung Semiconductor Newsroom. https://bit.ly/3AkJwOm
한국저작권위원회(2024.7.31). 저작권 이슈 브리프 2024-8-1호. 저작권 산업기술 동향. https://www.copyright.or.kr/information-materials/trend/tmis/view.do?brdctsno=53182
AI리포터(2024.11.6). AI로 젊어진 톰 행크스… 디에이징 기술 적용한 美 영화 '히어' 개봉. 디지털투데이. https://www.digitaltoday.co.kr/news/articleView.html?idxno=540193
Deloitte(2023). 2024 Media and Entertainment Industry Outlook. Deloitte US. Retrieved from https://www2.deloitte.com/us/en/pages/technology-media-and-telecommunications/articles/media-and-entertainment-industry-outlook-trends.html
Deloitte(2024). 2024 Digital Media Trends. Deloitte Insights. https://www2.deloitte.com/us/en/insights/industry/technology/digital-media-trends-consumption-habits-survey.html
Promise Advanced Imagination, Inc.(2024.11.19). An Open Letter from the Founders of Promise. https://www.promisestudios.com/post/an-open-letter-from-the-founders-of-promise

Reuters(2024.11.20). Andreessen Horowitz-backed studio Promise to start producing movies, series using AI. https://www.reuters.com/technology/artificial-intelligence/andreessen-horowitz-backed-studio-promise-start-producing-movies-series-using-ai-2024-11-19

Stability AI(2024.9.24). James Cameron joins Stability AI board of directors. Stability AI Newsroom. Retrieved from https://stability.ai/news/james-cameron-joins-stability-ai-board-of-directors

Vina, A.(2024.11.22). 영화 제작의 인공지능: 새로운 창의적 가능성. 울트라리틱스 블로그. https://www.ultralytics.com/ko/blog/artificial-intelligence-in-filmmaking-new-creative-possibilities

05
생성형 AI와 버추얼 휴먼

그동안 수많은 영화에서 대부분의 인공지능은 〈스타워즈〉의 R2-D2와 같은 로봇의 이미지로 등장했다. 이는 인간이 하지 못하는 영역을 수행하는 기계와 같은 의미로 표현된 것이다. 이후 〈그녀〉와 같은 영화에서는 인공지능이 사람보다 더 사람 같은 감정을 가지고 인간과 교감하는 존재로 표현됐다. 더 나아가 〈어벤져스: 에이지 오브 울트론〉에서는 인격을 가진 새로운 자아로 성장하는 인공지능 비전도 볼 수 있었다. 이처럼 인공지능은 점차 인간과 가까워지고 있으며, 가장 인간스러운 모습을 갖게 하는 기술로 더욱 발전하고 있다.

AI와 아이돌?

버추얼 휴먼의 정의

디지털 인물 기술로 제작되는 버추얼 휴먼은 인공지능, 컴퓨터 그래픽스, 딥러닝 기술 등을 기반으로 만들어진 가상의 인간형 캐릭터를 지칭한다. 디지털 인물 기술은 이를 활용하는 산업 분야에 따라서 그 명칭을 다양하게 사용하고 있다. 디지털 휴먼, 사이버 휴먼, 가상 인간 등이 대표적이다. 최근에는 플랫폼에 따라 버추얼 인플루언서, 버추얼 유튜버 등으로 부르기도 한다(Kim, 2024). 다른 관련 연구에서는 디지털 휴먼을 "실제 사람과 같은 외형과 말을 하는 3D 가상 인간"으로 정의하거나(곽보은 · 허정윤, 2021), "사람의 역할을 대체할 목적으로 실제 사람의 특징과 외형을 본떠 만든 3D 인체 모델"로 정의하기도 한다(서영호 외, 2021). 버추얼 휴먼 제작 방식에 관한 연구를 진행한 김광집(Kim, 2024)은 "인공지능과 컴퓨터 그래픽 기술을 활용하여 실제 사람과 유사한 정도의 사실적 표현으로 표현된 가상의 객체"로 정의했다. 이 책에서도 이를 통칭해 버추얼 휴먼으로 칭하고자 한다.

글로벌 리서치 및 컨설팅 회사인 그랜드뷰리서치(Grand view research)에 따르면 글로벌 버추얼 휴먼 시장은 지난 2022년에는 143억 4천만 달러 규모의 시장을 형성했는데, 오는 2030년에는 2,706억 1천만 달러로 성장할 것으로 예상된다. 우리나라도 2021년 5,753억 원에서 2026년 약 3조8,691억 원 규모로 성장할 것으로 전망하고 있다. 국내 버추얼 휴먼 시장은 1998년 사이버 가수 '아담'과 '류시아'가 등장해 음반, 뮤직비디오, 광고 등 다양한 활동을 했던 시점을 시작으로 현재는 '로지(ROZY)', '수비(SUVI)' 등의 버추얼 휴먼이 다양한 분야에서 활동하고 있다. 특히 최근 활동하고 있는 버추얼 휴먼은 인공지능, 딥페이크, 3D 스캐닝, 게임 엔진과 같은 기술의 발전으로 인해 더욱 현실감 있고 자연스럽게 구현되고 있다. 버추얼 휴먼은 아이돌로 활동할 뿐만 아니라 홈쇼핑, 광고, TV 프로그램까지 출연하고 있으며, AI 아나운서, AI 은행원, AI 교수 등 인간을 대신해 다양한 역할을 수행하는 사례까지 확장되고 있다(Kim, 2024). 코로나19 이후 디지털 기술의 급속한 발전이 버추얼 휴먼에 대한 사회적 관심을 급격히 증가시켰으며, 생성형 AI 기술의 발전도 버추얼 휴먼 시장을 더욱 성장시켰다.

실제 인간을 대체하는 버추얼 휴먼

국내 유명 버추얼 휴먼 '로지'와 롯데홈쇼핑과 SSG닷컴 쇼호스트 '루시'와 '와이티' 등 버추얼 휴먼 모델의 활동

이후 최근에는 생성형 AI 기술을 이용해서 AI 모델을 제공하는 업체가 생겨났다. 프리랜서 마켓 플랫폼인 크몽에 등록된 'AI 모델 제작 업체'는 개인과 사업자를 포함해서 총 220여 개에 달한다. 이들 업체는 실제 인간 모델보다 저렴한 가격으로 섭외가 가능하고 광고주 맞춤형 이미지를 제작하기 용이하다는 점을 장점으로 내세우며 가파르게 성장하고 있다. 딥러닝 기술을 통해 광고 제품의 이미지와 특성을 학습하고 생성형 AI를 통해 브랜드에 최적화된 AI 모델로 버추얼 휴먼을 제작해 준다. 광고를 보는 사람들이 실제 인간 모델로 착각할 정도로 정교해졌다는 평가다. AI 모델 제작 업체는 실존 인물이 아닌 버추얼 휴먼을 사용함으로써 초상권 문제로부터 자유롭다고 입을 모은다. 따라서 1만 원에서 50만 원까지 저렴한 비용으로 제작할 수 있다. 온라인 쇼핑몰을 운영하는 영세한 광고주들이 AI 모델 제작 업체를 자주 이용하는 이유다.

이 외에도 고품질 콘텐츠로 제작되는 영화나 드라마 및 TV 프로그램에서도 버추얼 휴먼이 사용되는 사례가 많다. 해외에서는 영화 〈분노의 질주 7〉에서 사망한 주연배우 폴 워커를 버추얼 휴먼으로 완벽하게 재현해 영화를 완성했다. 국내에서는 2023년 JTBC 드라마 〈웰컴

투 삼달리〉에서 2022년 세상을 떠난 국민 MC 송해를 버추얼 휴먼으로 제작해 등장시켰다. TV 다큐멘터리에도 버추얼 휴먼이 등장하는데, 2020년 첫 방송된 MBC VR 휴먼다큐멘터리 〈너를 만났다〉는 고인이 된 인물을 버추얼 휴먼으로 구현해 가족과 가상현실 공간에서 만나게 하는 내용으로 많은 사람들의 마음을 적시기도 했다. 그뿐만 아니라 뉴스 프로그램에서도 앵커를 버추얼 휴먼으로 제작하거나 선거 방송에서 유명 정치인을 버추얼 휴먼으로 제작하기도 한다. AI 앵커 김주하, AI 대통령 윤석열 등이 대표적 사례다.

버추얼 휴먼 제작 기술

버추얼 휴먼을 제작하는 기술에는 3D 스캐닝, GAN, 딥페이크 등 다양한 기술이 사용된다. 사용되는 기술, 제작 방식, 결과물의 형태에 따라 버추얼 휴먼의 표현과 활동 범위에 차이가 발생한다. 각 콘텐츠의 특성에 맞게 다양한 제작방식으로 버추얼 휴먼을 활용하는 것이 중요하다(Kim, 2024). 버추얼 휴먼 제작 기술은 세부적으로 디지털 더블(Digital Double) 방식, 게임 엔진 방식, 딥페이크 방식, 생성형 AI 방식으로 나눠볼 수 있다.

디지털 더블은 고품질의 결과물 구현을 위해 풀 3D 기반으로 제작되며 대부분 큰 규모의 프로젝트인 할리우드 영화나 드라마에서 사용되는 방식이다. 2021년 개봉한 영화 〈프리가이(Free Guy)〉에서는 주인공 '가이(라이언 레이놀즈)'와 닮은 최종병기 '듀드(Dude)'가 등장하는데 이를 위해 디지털 더블 기술이 사용되었다. 3D 스캐닝을 통해 주인공의 얼굴을 그대로 디지털로 제작하고 신체를 연기하는 별도의 배우를 촬영해 얼굴만 교체하는 방식이다. 이러한 방식은 또 다른 영화 〈제미니맨〉에서도 활용됐는데, 주인공 '헨리 브로건(윌 스미스)'의 클론을 사실적으로 표현하기 위해 디지털 더블 기술을 사용했다. 디지털 더블 방식은 그래픽의 품질이 높고 화각에 구애받지 않고 제작이 가능한 장점이 있으나, 높은 제작 비용과 긴 제작 공정 시간이 요구되는 단점이 있다.

게임 엔진 방식은 언리얼, 유니티 등의 게임 엔진을 기반으로 실시간 렌더링이 가능해 버추얼 휴먼의 전신을 제작하기에 용이하고, 모션 캡처 장비를 이용해 실시간 움직임과 얼굴 표정의 표현이 가능하다. 국내 대표 사례로는 메타버스엔터테인먼트가 제작한 버추얼 휴먼 아이돌 '메이브(MAVE)'가 있다. MBC 음악 프로그램 〈쇼!음악중심〉에서 데뷔 무대를 공개해 화제가 되었으며, 사전 공개된 타이틀 곡 '판도라'의 뮤직비디오는 하루 만에 조회 수 100만 회를 달성하기도 했다. 또 다른 사례로는 블라스트가 제작한 버추얼 아이돌 '플레이브'가 있다. 플레이브는 사실적인 인간의 모습이 아닌 애니메이션으로 표현되는 버추얼 휴먼이지만, 실시간 게임 엔진을 통해 본체 역할을 하는 인간과 동일하게 인터랙션이 가능한 것이 특징이다. 플레이브 공식 팬카페는 10만 명의 가입자를 돌파하며 엄청난 팬덤을 형성하고 있다. 블라스트 이성구 대표는 플레이브의 매력은 버추얼과 휴머니스트의 결합이라고 표현하며 기술과 아티스트, 팬들과의 인터랙션을 강조했다. 게임 엔진으로 제작된 버추얼 휴먼은 디테일한 얼굴 표정 구현과 실시간 인터랙션이 가능한 장점이 있지만, 디지털 더블 방식에 비해서 구현되는 그래픽 품질이 낮기 때문에 실제 인간과 같은 현실감은 부족하다. 이런 단점을 휴머니티라는 요소로 극복한 사례가 플레이브라고 볼 수 있다.

딥페이크 방식은 실제 촬영된 사람의 몸에 2D 이미지 기반의 가상 얼굴을 합성하는 기술이다. 비용이 적게 들고 작업 속도가 빨라 가장 많이 사용되는 방식이다. 다양한 화각으로 구현하기 어렵다는 단점 때문에 정면 숏 위주로 활용되고 있다. 대표 사례로 2022년 글로벌 스포츠 브랜드 '아디다스(Adidas)'가 카타르 월드컵 시즌에 맞춰 'THE IMPOSSIBLE RONDO' 광고 영상에서 5번의 월드컵에 출전했던 메시의 과거 모습부터 현재 모습까지 구현한 사례가 있다. 16년간의 경기에서 메시의 헤어스타일, 유니폼 등의 이미지 데이터를 학습하고 메시의 체형과 유사한 모델을 선정해 얼굴을 딥페이크로 합성했다. 또 2023년 개봉한 영화 〈인디아나 존스 : 운명의 다이얼(Indiana Jones and the Dial of Destiny)〉에서는 82세 고령의 주연배우 해리슨 포드(Harrison Ford)의 젊은 시절 모습을 딥페이크 기술로 재현했다. 영국 AI 스타트업 기업 신서시아(Synthesia)는 축구 스타 데이비드 베컴(David Beckham)의 말라리아 퇴치 홍보 캠페인 영상을 딥페이크를 활용해 9개 언어로 만들었다. 신서시아는 새로운 비디오를 촬영하지 않고 기존 자료를 편집해 개인화된 영상을 제작하는 기술로 제작 비용을 이전의 10분의 1 수준으로 절감할 수 있다고 했다. 국내에서는 2022년 KB라이프생명보험에서 배우 윤여정의 20대 모습을 재현한 광고 사례가 있다. 이 광고는 배우 윤여정과 유사한 체형의 모델을 선정해 얼굴을 학습된 과거 윤여정의 얼굴로 딥페이크로 합성한 사례다. 딥페이크 방식은 정면 숏 위주만 합성이 잘되는 한계가 있어 다양한 샷을 촬영하지 못하는 점이 아쉬운 점이지만, 이 부분은 빠르게 기술이 발전하며 해결되고 있다.

생성형 AI 방식은 대량의 이미지 데이터셋을 구축해 텍스트로 결과물을 생성하는 방식이다. 별도의 그래픽 작업을 하지 않고 텍스트 프롬프트만으로 빠른 시간 내에 결과물을 생성할 수 있다. 하지만 생성형 AI 모델이 도출하는 결과물을 그대로 수용해야 하기에 일관성 있는 이미지를 제작하기 어렵고, 영상으로 구현하는 데 한계가 있다는 것이 단점이다. 이런 단점에도 불구하고 생성형 AI 방식은 현재 가장 각광받는 기술이다. 생성형 AI로 만들어진 버추얼 휴먼은 딥페이크 방식처럼 실제 인간 모델의 이미지를 학습해 실사 이미지에 가상의 얼굴을 합성하는 것이 아니라 새로운 이미지를 만들어 내기 때문이다. 버추얼 휴먼의 초상권 이슈로부터 자유로울 수 있다는 장점이 있다. 또한 생성형 AI 모델이 많은 양의 데이터를 보유하고 있다면 대량의 이미지를 빠르게 생성할 수 있어 작업의 효율성도 매우 높다. 아직 제작자의 정확한 의도를 반영해 생성하거나 동영상을 구현하는 데는 한계가 있지만, 향후 버추얼 휴먼 제작에 더욱 많이 활용될 것으로 예상한다.

버추얼 휴먼의 정체성

바둑에서 인공지능 알파고가 인간을 이긴 세기의 사건이 주었던 흥분이 지나가고 인공지능에 대한 두려움은 서서히 가라앉고 있다. 자율주행, 음성 인식, 얼굴 인식, 챗봇, 로봇청소기 등 인간이 영위하는 모든 삶은 인공지능이 제공하는 편리함을 누리고 있다(이동후, 2023).

과거 인공지능의 초창기 연구 시절에는 인공지능의 형체를 대부분 로봇과 연결시키며 기계로서의 인공지능 이미지를 상상했다. 영화 〈스타워즈(Star Wars)〉의 R2-D2나 인기 외화 시리즈 〈전격 Z작전(Knight Rider)〉의 키트가 대표적인 사례다. 이후, 자아를 가진 기계를 생각하며 인공지능이 생각과 감정 등을 가지고 외부와 소통하는 것을 상상했다. 사람이 되고 싶은 인공지능 로봇을 떠올리며 영화 〈에이아이(A.I.)〉에 등장하는 데이비드라는 감정형 로봇이 등장했다. 2013년에는 영화 〈그녀〉에서 인공지능 비서 사만다와 사랑에 빠지는 인간에 대한 상상도 펼쳐졌다. 놀랍게도 〈그녀〉에 등장하는 대부분의 인공지능 기술은 현재 구현됐거나 구현을 목전에 두고 있다. 이렇게 인간의 삶에서 인공지능은 단순 기계에서부터 인간보다 더 인간다운 기계로 발전하며 변해왔다. 하지만 현재 인공지능 기술의 발전 방향은 기계로서 더욱 잘하는 것을 더 잘하게 만드는 방향으로 가고 있다. 인공지능이 영화의 소재로 등장하는 것이 아니라, 영화를 만드는 주체가 되고 있다. 시나리오를 쓰는 생성형 AI, 영상을 만드는 생성형 AI, 편집을 하는 생성형 AI, 연기를 하는 생성형 AI 등이 사례다.

이렇게 발전한 생성형 AI는 인간의 고유 영역이라 여겼던 예술, 문화, 미디어, 콘텐츠 분야까지 침투했다. 그 대표적인 사례가 바로 버추얼 휴먼이다. 이전까지 영화나 드라마, 광고 등 영상 콘텐츠에 등장하는 인물은 당연히 실제 인간 또는 보는 사람으로 하여금 실제 인간임을 인지하게 만든 캐릭터나 사물이었다. 그러나 현재 우리가 접하는 수많은 버추얼 휴먼은 그 자체로 새롭게 탄생한 존재이거나 기존 실제 배우의 변형된 모습이다.

가장 고품질의 버추얼 휴먼이 등장하는 영화에서 버추얼 휴먼의 연기는 관객으로 하여금 실제 인간의 연기라고 착각을 불러일으킬 수 있다. 카메라의 프레임 내에서 배우의 몸짓과 대사를 통해서 캐릭터의 내면을 세밀하게 표현하는 것이 연기라면, 영화 연기는 인물의 행동, 몸짓, 표정, 목소리, 동작 등에 초점을 맞추어 스토리와 감성을 전달하는 것이 핵심이라 할 수 있다(박서연 · 송낙원, 2020). 버추얼 휴먼의 연기가 실제 인간 배우와 구분하기 어려울 만큼 사실적이라면, 이것은 더 이상 관객에게 버추얼 휴먼이 아닌 실제 교감을 할 수 있는 대상이 된다. 영화 〈어벤져스(Avengers)〉 시리즈에 등장하는 헐크는 실제 배우 마크 러팔로(Mark Ruffalo)의 버추얼 휴먼이라 할 수 있다. 관객이 영화를 보면서 헐크라는 캐릭터에 감정을 느끼고 상호작용할 수 있는 이유는 실제 배우가 연기하는 것과 동일하다고 인식하기 때문이다. 이러한 사례는 국내 버추얼 아이돌 플레이브에서도 동일하게 작용한다. 10만여 명의 팬덤이 형성된 이유도 팬들이 플레이브와 이를 연기하는 실제 인간을 동일하게 느끼기 때문이다. 2023년 개봉한 영화 〈웡카(Wonka)〉에서 관객에게 큰 즐거움을 주었던 소인족 움파룸파 역할을 맡은 배우 휴 그랜트(Hugh Grant)는 버추얼 휴먼 제작 과정에서 많은 불만을 토로하기도 했다. 그랜트는 연기할 때 얼굴로만 해야 할지, 몸 전체로 해야 할지 혼란스러웠으며, 몸으로 연기한 부분이 모두 애니메이터로 대체된 것에 불편함을 드러냈다(남승석, 2024).

버추얼 휴먼은 앞으로 더욱 활발하게 사용될 기술임에 틀림없다. 기존 유명한 실제 배우의 확장, 변형 등으로 사용될 수도 있고, 가상의 캐릭터를 표현하기 위해 무명의 배우는 연기만 할 수도 있다. 또는 완전히 새롭게 탄생한 버추얼 휴먼이 마치 인간 배우처럼 활동할 수도 있다. 우리는 전체 프로젝트가 디지털 및 AI 기반 버추얼 휴먼에 의해 주도되는 시대로 나아가고 있음을 목격하고 있다(남승석, 2024). 생성형 AI를 활용한 버추얼 휴먼 기술이 더욱 정교해질수록 영상 콘텐츠에서 배우의 격차는 더욱 커질 것이다. 그 격차가 긍정적인 격차일지 부정적인 격차일지는 아무도 알 수 없다. 이것이 우리가 버추얼 휴먼의 정체성에 대해 생각해 봐야 하는 이유다.

참고문헌

곽보은 · 허정윤(2021). 비언어적 표현 방식이 디지털 휴먼 제공 서비스의 수용도에 미치는 영향 분석 - 호텔 서비스를 중심으로. ≪한국디자인학회 학술발표대회 논문집≫.

김미숙(2022). 버추얼 휴먼의 사실적 표현을 위한 연출 연구, 국내 TV 광고를 중심으로. ≪애니메이션 연구≫, 18(3).

남승석(2024). 인공지능 시대의 영화 속 디지털 휴먼 - 배우의 디지털 정체성과 연기의 미래 - ≪문화와융합≫, 2(특별호). 1-13.

박서연 · 송낙원(2020). 영화연기에서 카메라 프레임과 렌즈와 스피드의 미학적 특성 연구. ≪연기예술연구≫, 13. 1-16.

박진호 외(2022). 인공지능 디지털 휴먼 유형에 관한 연구. 2022문화콘텐츠연합학술대회.

서상규(2023). 4차 산업혁명 시대의 연기예술 환경 변화 사례 연구 - 디지털 기술과 연기예술 융합을 중심으로 - ≪연기예술연구≫, 32. 141-156.

서영호 외(2021). 디지털 휴먼의 현재와 미래. ≪방송과 미디어≫,

26(4).
성진우(2024.5.28). "아무리 비싸도 50만원이면 돼요"… SNS 광고 모델의 실체. 한국경제. https://www.hankyung.com/article/2024052760057
이다영 · 한정엽(2022). 디지털 휴먼 제작기술 기반 영상미디어 활용사례 및 특성연구 - 실시간 / 비실시간 영상을 중심으로-, ≪한국공간디자인학회 논문집≫, 17(7).
이동후(2023). 인공지능 이미지 생성기의 창작,예술 분야 활용 방향성에 대한 연구. ≪한국컴퓨터정보학회 동계학술대회 논문집≫, 31(1).
이혜은 · 박재일(2024). 생성형 AI 기반의 디지털 휴먼 제작 활용. 한국산업경영시스템학회 2024 춘계학술대회.
정태윤(2024.4.22). "이제, K-버추얼의 시대"… 플레이브, 다음 목표는 글로벌(간담회). 디스패치. https://www.dispatch.co.kr/2289126
한종호(2023). Generative AI, AI 휴먼 서비스. ≪방송과 미디어≫, 28(2).
Kim, K. J.(2024). A study of virtual human production methods : Focusing on video contents , *The International Journal of Advanced Smart Convergence*, 13(1). 23-36.

06
생성형 AI 영상 제작 도구

생성형 AI 기술을 이용한 다양한 도구들이 매일같이 출시되고 있다. 생성형 AI 기술은 해당 분야의 전문가가 아니어도 전문가 수준의 콘텐츠를 만들어 내는 막강한 도구 역할을 한다. 현재 사용하고 있는 도구보다 기능이 개선되고 성능이 향상된 도구의 사용이 사용자가 의도하는 결과물에 큰 영향을 미친다. 한 달, 아니 한 주 간격으로 진화해 나가는 생성형 AI 도구들을 살펴본다.

AI와 야구?

비디오 생성형 AI 도구

2024년 2월, 오픈AI가 출시한 생성형 AI 모델 소라(Sora)는 프롬프트라 불리는 텍스트 명령에서 최대 60초 길이의 영상을 직접 생성해 냈다. 소라가 생성한 영상은 전문가가 촬영한 영상만큼 다양하고 복잡한 화각과 움직임을 보여 줬고 영상의 품질 또한 매우 높았다. 소라는 많은 사람들에게 충격을 주며 영상 제작 분야에서 인간의 노동력을 대체할 것이라는 우려를 주었고, 동시에 인간의 역량을 한 차원 높여 줄 것이라는 기대감도 주었다(하오화웨 · 최원호, 2024). 소라의 등장 이후 비디오 생성형 AI 모델뿐만 아니라 오디오 생성형 AI 모델까지 다양한 서비스들이 경쟁하듯 출시됐다. 영상 제작에서 사용 가능한 생성형 AI 서비스들을 소개하고 그 특징들을 살펴보겠다.

비디오 생성형 AI 서비스로는 오픈AI의 소라가 가장 먼저 출시됐다. 소라는 디퓨전 트랜스포머 아키텍처(Diffusion Transformer Architecture) 구조로 사실적인 이미지와 비디오를 생성할 수 있는 AI 모델인 생성적 적대 신경망(Generative Adversarial Network)과 고충실도의 음성과 음악을 생성할 수 있는 AI 모델인 VAE(Variational Autoencoder) 등을 활용해 사실적인 결과물을 생성한다(하오화웨 · 최원호, 2024). 소라는 데모 영상에서 눈밭을 달리는 거대 매머드의 모습과 동경 밤거리를 거니는 동양 여성의 모습으로 전 세계를 놀라게 했다. 소라의 등장은 텍스트 기반 생성형 AI 영상 제작의 시점이 됐다. 오픈AI는 2024년 12월 9일 소라를 일반에 공개해 많은 관심을 끌었는데, 이용자가 몰리며 한때 로그인이 제한되기도 했다. 이후 사용이 재개된 소라는 실제와 거의 구분되지 않는 영상을 수 분 내로 간단하게 생성하며 비디오 생성형 AI가 게임 체인저가 될 수 있음을 보여 줬다. 다만 소라를 먼저 사용해 본 일부 베타 테스터들의 피드백을 들어 보면, 소라의 영상 품질이 기대에 못 미친다는 평가도 있다.

다음은 구글 딥마인드(Google DeepMind)가 2024년 5월에 출시한 비오(Veo)가 있다. 1080p 해상도의 영상을 60초까지 생성해 낼 수 있으며, 다양한 영화적 표현이나 애니메이션 같은 장르 특성을 잘 표현하는 것으로 평가받는다. 또한 물리적인 특성 시뮬레이션이 잘 구현되어 동물, 사람, 자연 현상의 움직임이 사실적이고 일관되게 표현된다. 다만 프롬프트 설명이 구체적이지 않을 경우 디테일한 영상 생성이 어려우며, 고해상도 영상을 생성할 때 렌더링 시간이 오래 걸려 실시간 제작이 어렵다는 것이 단점으로 지적됐다. 그러나 구글은 2024년 12월 16일 비오 2(Veo 2)를 공개하며 다시 한 번 기술의 발전을 보여 줬다. 비오 2는 최대 4K 해상도의 영상을 2분 이상 길이로 생성할 수 있다고 밝혔다. 앞서 5월에 공개한 비오 1이 1080p 해상도로 1분 정도 길이의 영상을 생성하던 것에 비해 월등한 발전이다. 비오 2는 그림자, 반사 같은 빛의 움직임을 더욱 사실적으로 묘사할 수 있어 소라보다 낫다는 평가를 받기도 한다. 하지만 비오는 높은 컴퓨팅 연산 자원이 필요한 것으로 알려져 있다. 비오 2도 일반적인 컴퓨터 하드웨어 환경에서는 사용이 제한적이며, 클라우드 기반 고성능 GPU가 필요할 수 있다. 비오 2는 내년 중 유튜브 쇼츠 등에 적용되어 일반인이 숏폼 비디오를 쉽게 생성할 수 있도록 지원할 예정이라고 했다.

다음은 중국 콰이쇼우(Kuaishou) AI팀이 개발해 2024년 6월에 출시한 클링 AI(Kling AI)다. 클링은 실제 물리학을 가장 정확하게 시뮬레이션하는 비디오 생성형 AI 서비스로 평가받는다. 소라가 데모 영상으로 공개했던 '풍선 남자(Air Head)' 영상을 소라보다 더 정교하게 구현하기도 했다. 1080p 해상도에 소라보다 긴 2분 길이의 비디오를 생성할 수 있으며, 다양한 화면 비율과 숏 유형을 지원해 사용자 요구에 맞는 다양한 스타일의 비디오 제작이 가능하다. 클링은 출시 3개월 만에 약 160만 명의 사용자가 1,600만 개 이상의 동영상을 생성하며 중국의 소라라는 평가를 받는다. 단점으로는 중국 내에서만 대기자 명단을 받고 있으며, 해외 사용자들은 직접 사용하기 불편하다.

다음은 미국 AI 스타트업 기업 루마랩스(Luma Labs)가 2024년 6월에 출시한 드림머신(Dream Machine)이다. 드림머신은 직관적이고 사용하기 쉬운 인터페이스를 제공해 일반인의 접근성이 높다. 사용자가 원하는 대로 스토리텔링을 유지하며 생성하는 것이 가능하고, 다양한 예술적 스타일로 변환할 수 있는 다양한 옵션과 카메라 움직임도 제공한다. 120초 만에 5초 분량의 비디오를 미리 뽑아 볼 수 있어 빠르게 아이디어를 탐색할 수 있는 것도 장점이다. 무료로 사용이 가능하나 비디오를 생성할 때 리소스를 사용하는 방식이어서, 무료 버전의 경우 리소스가 제한되어 한 달 동안 5초 길이의 동영상을 약 30개 정도만 만들 수 있다. 상업적인 사용이 제한되기 때문에 상업적 이용을 위해서는 구독 플랜을 구입해야 한다. 일부 생성된 비디오에서 객체의 왜곡이나 비정상적인 움직임이 자주 발생하는데 이 부분은 현재 빠르게 개선되고 있다.

다음은 미국 AI 스타트업 기업 런웨이가 2024년 6월에 출시한 젠 3(Gen-3)다. 젠 3는 사용자의 의도에 맞춰 일관된 비디오를 생성하는 데 탁월하다. 텍스트에서 비디오, 이미지에서 비디오, 텍스트에서 이미지로 생성하는 다양한 입력 방식을 제공하며 이를 통해 더욱 사실적인 영상을 제작할 수 있다. 사용자가 시각적 설명, 카메라 움직임 및 전환을 포함한 복잡한 촬영 관련 세부 사항을 프롬프트에 지정할 수 있어 원하는 스타일과 구성을 세밀하게 조작할 수 있다. 젠 3는 10초 길이의 영상을 약 90초 만에 생성할 수 있어 이전 모델인 젠 2에 비해 생성 속도가 크게 향상됐다. 단점으로는 10초 이상의 비디오를 생성하는 데는 아직 한계가 있어 사용하기 어려운 영상이 생성되며, 해상도가 720p로 제한되어 있어 고해상도 비디오를 얻기 위해서는 추가적인 작업이 필요하다는 점이다. 디테일한 프롬프트 조건을 입력하는 것이 어려울 수 있어 일반인이 쉽게 사용하기에는 다소 무리가 있다. 무료 버전 사용이 가능하지만 영상 하나당 100크레딧 정도가 소요되므로 상업적 이용을 위해서는 구독 플랜이 필수적이다.

마지막으로 소개할 비디오 생성형 AI 서비스는 2024

년 10월에 출시한 메타(Meta)의 무비젠(Movie Gen)이다. 무비젠은 최대 16초 길이의 고화질 비디오를 생성할 수 있으며, 기존 비디오의 특정 요소를 프롬프트 명령만으로 수정하거나 새로운 스타일을 적용할 수 있는 편집 기능이 강점이다. 예를 들어 영상의 맑은 날씨를 비 오는 날씨로 변경하는 것이 프롬프트만으로 가능하다. 또한 자동으로 배경음악과 효과음을 생성해 비디오에 삽입할 수 있어 풍부한 동영상 콘텐츠 제작이 가능하다. 다만 아직 일반 사용자에게 공개되지 않았고 추가적인 정보 확인이 다소 어렵다.

오디오 생성형 AI 도구

영화나 드라마와 같은 전통적인 영상 콘텐츠의 음향 제작 과정은 음성, 효과음, 배경음악, 노래 제작, 녹음, 믹싱 등 여러 과정을 거쳐서 만들어졌다. 배우나 연기자가 촬영 현장에서 동시 녹음을 진행하고 음향 효과음과 배경음악의 음원, OST의 노래 등을 녹음해 영상과 동기화 작업을 거친 후 음향 믹싱을 통해 최종 콘텐츠가 생성되는 과정이다. 생성형 AI를 활용한 오디오 생성 기술들은 이런 과정을 자동화하고 단계를 축소해 입력과 동시에 최종 결과물이 생성되는 방향으로 개발되고 있다. 대표적인 오디오 생성형 AI 서비스를 소개하며 그 특징들을 살펴보겠다.

먼저 구글의 오디오LM(AudioLM)은 텍스트를 오디오로 변환하는 잠재 확산 모델로 다양한 고품질의 음악을 생성한다. 특히 사람의 목소리나 음악을 몇 초간 입력하면 뒤에 자연스럽게 이어지는 소리를 생성할 수 있다. 다양한 도메인의 데이터를 학습시켜 활용이 가능한 장점이 있으나 모델 학습에 다소 많은 데이터와 시간이 필요하다. 텍스트 프롬프트를 음악으로 생성하는 것은 다소 제한적이다.

다음은 메타의 오디오크래프트(AudioCraft)로, 그중 뮤직젠(MusicGen)은 텍스트를 음악으로 생성하고, 오디오젠(AudioGen)은 텍스트를 사실적인 오디오로 생성한다. 엔코덱(EnCodec)은 오디오 압축을 담당한다. 텍스트 기반으로 고품질의 사실적인 오디오를 생성할 수 있으며 오디오와 음악 생성이 다른 툴에 비해 자유로운 것이 장점이다. 오픈소스로 개발되어 개발자와 연구자들이 자유롭게 활용할 수 있다. 다만 뮤직젠은 메타가 소유하거나 라이선스를 받은 2만 시간 분량의 음악으로 학습되었으며, 오디오젠은 공개된 음향 효과를 기반으로 학습되었기 때문에 특정 장르나 스타일의 음악 및 음향 효과를 생성하는 데 한계가 있다.

다음은 가우디오랩(GaudioLab)의 폴E(FALL-E) 서비스로, 텍스트나 이미지 등 다양한 입력을 통해 다양한 효과음을 자동으로 생성하는 생성형 AI 모델이다. 이 기술은 폴리(Foley) 아티스트의 작업을 대체하거나 보조해 콘텐츠 제작의 효율성을 높일 수 있다. 약 1만 시간 분량의 고품질 데이터와 200편 이상의 상업 영화 세션 파일을 활용해 학습되었기 때문에 경쟁 모델보다 뛰어난 품질을 제공한다. 다만 복잡한 AI 모델 구조로 인해 세밀한 효과음 구현이 어렵다.

다음은 피카랩스(Pika Labs)의 올인원 생성형 AI 도구인 피카(Pika)다. 피카는 텍스트 입력만으로 동영상과 음향 효과까지 생성할 수 있으며 최근에는 음성 생성 기능인 '립 싱크(Lip Sync)'와 음향 효과 자동 생성 기능이 추가되어 일반인의 사용이 더 쉬워졌다. 사용자 편의를 고려한 인터페이스로 비전문가도 쉽게 콘텐츠를 생성할 수 있는 것이 특징이다. 전통적인 음향 제작 과정에 비해 매우 빠르고 품질 높은 콘텐츠를 저렴하게 얻을 수 있다는 면에서 소규모 제작사나 개인 창작자가 많이 사용한다. 다만 피카가 생성하는 결과물을 세부적으로 조정하기 어려우며, 일부 고급 기능은 유료 사용자에게만 제공되는 것이 다소 불편한 점이다.

다음은 일레븐랩스(ElevenLabs)의 사운드 이펙트(Sound Effects)다. 사운드 이펙트는 텍스트 프롬프트를 입력하면 몇 초 내에 네 가지 샘플을 생성해 빠른 선택과 작업을 가능하게 하는 장점이 있다. 텍스트 프롬프트를 통해 음향 효과의 뉘앙스를 세밀하게 조정할 수 있어 각 장면에 맞는 최적의 효과를 생성할 수 있다. 또한 생성된 음향 효과는 로열티가 무료로 제공되어 라이선스 비용이나 저작권 문제 없이 편하게 콘텐츠에 사용할 수 있다. 다른 경쟁 서비스와 유사한 수준의 고음질 사운드와 현실감 있는 효과음을 제공한다. 사용자들이 생성한 음향 효과를 공유하고 검색할 수 있는 커뮤니티가 활성화되어 있어 다양한 사운드의 사용이 가능하다.

다음은 스태빌리티 AI에서 개발한 오픈 소스 텍스트-투-오디오 모델인 스테이블 오디오 오픈(Stable Audio Open)이다. 스테이블 오디오는 텍스트 프롬프트를 입력하면 최대 47초 길이의 고품질 오디오 샘플과 사운드 이펙트를 생성한다. 이 모델은 드럼 비트, 악기 리프, 앰비언트 사운드, 폴리 효과 등 다양한 오디오 샘플을 생성하는 데 최적화되어 있다. 또한 오픈소스로 제공되어 개발자와 연구자들이 자유롭게 사용할 수 있다. 모델 가중치는 허깅페이스(Hugging Face)에서 다운로드가 가능하며, 이를 통해 사용자는 자신만의 오디오 데이터를 사용해 모델을 미세 조정할 수 있다. 생성되는 오디오 길이가 다소 짧은 것이 단점이다. 전체 곡이나 복잡한 멜로디, 보컬 생성에는 적합하지 않다.

마지막으로 런웨이의 제너러티브 오디오(Generative Audio)는 텍스트 입력만으로 음성 및 오디오 콘텐츠를 생성하고 이를 이미지나 동영상과 결합해 자연스러운 립싱크 영상을 제작할 수 있는 생성형 AI 서비스다. 이 도구는 커스텀 보이스 모델 생성이 가능한 것이 특징이며, 영어뿐만 아니라 독일어, 스페인어, 프랑스어 등 다양한 언어를 지원한다. 직관적인 대시보드 인터페이스로 텍스트 입력, 음성 선택, 오디오 생성, 립싱크 적용 등의 과정을 쉽게 수행할 수 있어 비전문가도 사용하기 쉽다. 다만 립싱크 기능이 정면을 향한 인물의 얼굴에 최적화되어 있어 얼굴의 각도나 움직임이 많을 경우 정확도가 떨어지기도 한다. 립싱크 영상 제작 시 초당 5크레딧이 소모되며, 최대 40초 길이의 대화만 지원한다. 긴 영상을 제작하거나 예산이 부족한 사용자는 다소 부담이 될 수 있다.

음악 생성형 AI 도구

음성, 음향 생성 외에 음원 자체를 생성하는 생성형 AI 서비스는 대표적으로 수노 AI(Suno AI)가 있다. 수노는 텍스트 프롬프트를 기반으로 보컬, 가사, 악기를 포함한 완전한 곡을 생성할 수 있는 서비스다. 음악적 지식이 없는 비전문가도 손쉽게 고품질의 음악을 제작할 수 있다. 사용하기 쉬운 인터페이스로 팝, 록, 클래식, 일렉트로닉 등 다양한 장르와 스타일을 지원하고 사용자가 원하는 분위기의 음악을 빠르게 생성한다. 50개 이상의 언어로 곡을 생성할 수 있으며 생성된 음악은 저작권 문제가 없어 사용자가 마음 놓고 사용할 수 있다. 무료 버전에서는 생성할 수 있는 곡의 길이가 80초로 제한되어 있어 긴 형식의 음악 제작은 다소 불편할 수 있다. 윤리적으로 수노가 학습하는 자료가 인간의 저작물일 경우 저작권이 침해된다는 의견이 있으며, 생성형 AI로 생성된 음원으로 인해 인간의 창작 가치가 떨어진다는 비판적 시각도 있다.

또 다른 음악 생성 도구로는 구글 딥마인드 출신 공학자들이 만든 오디오 및 음악 생성형 AI 유디오(Udio)가 있다. 유디오도 수노와 유사한 기능과 성능을 보이며 비전문가의 사용이 쉬운 편이다. 생성물 또한 저작권 문제가 없어 사용이 자유롭다. 다만 한 번에 생성할 수 있는 곡의 길이가 33초로 제한되어 있어 수노보다 다소 짧은 감이 있다. 한글 가사 지원이 완벽하지 않아 일부 한글 가사에서는 부자연스러운 표현이 나오기도 한다.

참고문헌

임영훈(2024). 인공지능 기반 영화 제작 기술의 현재와 미래. ≪애니메이션 연구≫, 20(2).

조서윤 · 이영주(2024). TV 방송 제작진의 생성형 AI 기술 수용에 영향을 미치는 요인: 제작진 인식을 중심으로. ≪한국소통학보≫, 23(3). 277-310.

조희대 · 조신영(2024). 클라우드: 영상 제작 패러다임 전환의 시대. ≪한국방송촬영인협회 촬영인 2024 하반기≫. 50-65.

최규문(2024.6.19). 중국발 동영상 생성AI '클링' 등장, 전 세계 SNS 들썩거려. 미디어창업뉴스. http://www.kmedia-news.com/news/articleView.html?idxno=4735

하오화웨 · 최원호. (2024). 생성형 AI와 영화 산업에 관한 연구 - ChatGPT에서 Sora까지. ≪글로벌문화콘텐츠학회 학술대회자료집≫, 2024(8). 269-274.

https://ai.meta.com/research/movie-gen/

https://app.runwayml.com/generative-audio

https://app.runwayml.com/video-tools/

https://dream-machine.lumalabs.ai/

https://elevenlabs.io/app/speech-synthesis/text-to-speech

https://pika.art/

https://stability.ai/news/introducing-stable-audio-open
https://suno.com/create
https://www.klingai.com/
https://www.udio.com/create

07
생성형 AI와 영상 문법

생성형 AI는 방대한 데이터를 학습해 새로운 콘텐츠를 생성하는 기술로 영상 제작 과정의 효율성을 높이고 창작의 영역을 확장하고 있다. 한편 영상 문법은 시각적 스토리텔링의 핵심 원칙으로, 창작자가 관객과 효과적으로 소통하는 데 중요한 역할을 한다. 이 두 요소의 융합은 기술과 예술의 경계를 허물고 새로운 창작 방식과 시청 경험을 제시하며 창작의 미래를 재정의하고 있다.

AI와 윤동주?

창작의 도구와 기술의 진화

현대 사회에서 인공지능은 단순한 기술적 도구를 넘어서 예술과 창작의 영역까지 확장되었다. 영화에 등장하던 스스로 배우고 성장하는 기계는 이제 현실이 되었고, 이는 영상 제작자들에게 새로운 가능성과 과제를 동시에 안겨 주고 있다. 이렇게 탄생한 생성형 AI는 기존 영상 제작 패러다임을 뒤흔들며, 영상 문법이라는 고유한 언어 체계에도 변화를 일으키고 있다.

영상 문법이란 영상을 통해 이야기를 전달하기 위해 사용되는 규칙과 관습을 말하며, 화면 구성과 편집의 기본 원칙을 포함한다. 이는 효과적인 영상 제작의 핵심 요소다(최현주, 2018). 예를 들면 두 인물이 대화를 나눌 때 카메라의 각도를 동일 선상에 유지하며 인물의 방향을 혼동하지 않게 만드는 “180도 법칙”이 있다. 또는 서로 다른 장면을 조합하고 시간과 공간의 논리적 연결을 강조해 관객이 자연스럽게 이야기를 따라갈 수 있게 만드는 “몽타주(Montage) 편집 기법”이 있다. 이러한 영상 문법은 영화와 드라마뿐만 아니라 다큐멘터리, 예능 프로그램, 뉴스 영상, 유튜브 영상, 광고 및 틱톡과 같은 숏폼 영상에서도 작동하며, 보는 사람으로 하여금 직관적으로 이야기를 이해할 수 있도록 돕는 매우 중요한 요소다.

생성형 AI는 단순히 영상 제작을 돕는 도구에 그치는 것이 아니라 창작 과정에서 영상 자체를 생성한다. 이 결과는 창작자의 의도에 맞는 영상 문법이 반영된 결과일 수도 있고 아닐 수도 있다. 기술의 발전으로 인한 생성형 AI 영상 제작이 영상 문법에 미치는 영향과 앞으로의 발전 방향을 탐구해 보고자 한다.

영상 제작 과정에서 생성형 AI가 할 수 있는 것

영상 제작 과정은 일반적으로 프리-프로덕션(사전 준비), 프로덕션(촬영), 포스트-프로덕션(후반 작업), 디스트리뷰션(배급, 유통)의 네 단계로 진행된다. 이 과정을 영화 제작 과정으로 좀 더 세분화해 다섯 단계로 나눈 하오화웨 · 최원호(2024)는 영화 제작은 프로젝트 개발, 사전 제작, 제작, 후기 제작, 시장 유통 및 홍보의 단계로 구분된다고 했다. 그리고 이 연구에 따르면 생성형 AI는 이 다섯 단계에서 각각 다음과 같은 역할을 할 수 있다.

먼저, 프로젝트 개발 단계에서 생성형 AI는 많은 시나리오를 학습하고 예정된 스타일에 따라 새로운 시나리오를 구성할 수 있다. 영화 시나리오 작가는 2차 선별 및 처리를 통해 창의성을 높일 수 있다.

사전 제작 단계에서는 생성형 AI가 미리 장면 제작 및 촬영 계획을 설계하고 소품 디자인에 영감을 제공하며, 다양한 특수 효과 제작 방법을 제공할 수 있다. 소라와 같은 도구가 영화 속 스토리텔링의 원리를 깊이 이해하면 영화 전체의 스토리보드를 생성하고 배우의 연기까지 시뮬레이션할 수 있다.

제작 단계에서는 생성형 AI가 카메라 움직임과 일치하는 근거리 및 원거리 캐릭터와 장면 요소의 일관성을 효과적으로 시뮬레이션할 수 있다.

후기 제작 단계에서는 생성형 AI가 주제와 장면 구성이 전혀 다른 영상들 사이에 원활한 전환을 만들 수 있고, 영상의 스타일과 환경을 변형할 수 있다. 이를 통해 제작의 효율성과 품질을 크게 향상시키고 제작 비용을 혁신적으로 절감할 수 있다.

마지막으로 시장 유통 및 홍보 단계에서는 영화 홍보를 위한 매력적인 카피 문구를 생성할 수 있다. 배급사는 생성형 AI의 창의성을 이용해 매력적인 홍보 문구를 생성함으로써 더 많은 관객을 끌어들일 수 있다.

위와 같은 가능성에도 불구하고, 하오화웨 · 최원호(2024)는 생성형 AI가 할 수 있는 것은 많지만 이것이 생산하는 모든 것이 여전히 본질은 인간 노동에 기반하고 있기 때문에 영화나 드라마 제작 과정에 도입되더라도 그 영역은 제한적일 것이라 보았다.

더불어 구재모(2024)는 영상 제작 방법으로서 생성형 AI 기술에 관한 고찰을 통해 긍정적 측면에서 큰 변화를 이끌 수 있지만, 과거 메타버스, VR, 3D 입체 영상 등과 같은 기술들이 초기에는 모두 큰 기대를 받았음에도 상업적으로 실패한 사례를 볼 때 생성형 AI 역시 지나친 낙관론보다는 비판적인 접근이 필요하다고 보았다.

그러나 이와 같은 시각에도 불구하고, 결국 영상 제작에서 생성형 AI가 이미 하고 있거나 할 수 있는 역할은 매우 많다. 이것은 이미 생성형 AI가 단순히 효율성을 높이는 도구가 아니라 창작의 주체로서 창작의 가능성을 무한히 확장하고 있다는 것을 방증한다.

변치 않는 기본, 영상 문법의 중요성

생성형 AI 기술의 발전이 영상 제작자에게 더 많은 도구와 옵션을 제공하지만, 창의적이고 감각적인 영상 콘텐츠는 기본적인 영상 문법에서 시작됨을 부정할 수 없다. 최신 기술을 활용한 영상 제작이 많아질수록 기초 촬영 기법이나 편집 기법 등의 영상 문법이 더욱 중요해지는 이유다(최현주, 2018). 전통적인 영상 문법에서는 시각적 일관성을 위해 컷의 연결을 매우 중요하게 생각한다.

빠른 장면에서는 빠른 컷 편집이 사용되고, 감정적인 장면에서는 느린 줌이나 롱테이크가 사용되는 것이 그런 이유다. 그러나 생성형 AI로 만들어진 영상은 종종 이런 기본적인 영상 문법을 따르지 않고, 때로는 인간 창작자조차도 예측할 수 없는 결과를 만들어 내기도 한다. 예를 들어 생성형 AI로 제작된 어떤 영상에서 꿈같은 몽환적 이미지와 비논리적인 장면 전환이 가득한 독특한 분위기의 영상이 나왔다고 하자. 이런 독특함은 전통적인 영상 문법을 깨고 시각적 놀라움을 줄 수는 있으나, 자칫 관객으로 하여금 이야기 흐름을 따라가기 어렵게 만들 수 있다. 필자는 개인적으로 생성형 AI로 만들어진 이런 부류의 독특한 영상들이 이제는 더 이상 신선하게 느껴지지 않는다. 많은 사람들이 생성형 AI로 만들어진 영상에 피로감을 느끼고 있다. 이것을 바로잡기 위해서는 생성형 AI로 제작되는 영상에 기본적인 영상 문법이 잘 적용되어야 한다.

기본적인 영상 문법에 대한 개념을 간략히 이해하기 위해서는 먼저 영상의 시초가 되는 촬영에 대해 알아야 한다. 촬영이란 구도와 앵글을 통해서 이야기의 핵심을 전달하는 기본 영상 언어다(장기혁, 2024). 구도와 앵글이 적절하지 않으면 이야기의 메시지가 잘 전달되지 않는다. 생성형 AI 기술이 구도와 앵글을 제안해 줄 수 있지만, 적절한 구도와 앵글은 여전히 촬영감독의 직관적, 창의적 판단에 기초한다. 관객, 시청자의 시선을 어디에 집중시킬지, 이야기를 어떻게 시각적으로 전달할지를 결정하는 것은 인간 촬영감독의 몫이다. 영화 〈그랜드 부다페스트 호텔(The Grand Budapest Hotel)〉에서 표현된 대칭적이고 정교한 구도는 웨스 앤더슨(Wes Anderson) 감독의 독창적인 비전이 반영된 결과다. 영화 〈레버넌트(The Revenant)〉에서 에마누엘 루베츠키(Emmanuel Lubezki) 촬영감독은 롱테이크 기법으로 가혹한 자연의 세계를 매우 사실적으로 시각화했는데, 이것은 촬영의 기본 원칙에 기반한 정교한 롱테이크 설계의 결과다. 영화 〈라라랜드(LA LA Land)〉의 데이미언 셔젤(Damien Chazelle) 감독과 라이너스 샌드그렌(Linus Sandgren) 촬영감독도 영화의 오프닝 장면을 스테디캠(SteadiCam)이라는 특수 촬영 장비를 사용해 안정적인 롱테이크 기법으로 한 편의 뮤지컬과 같은 장면으로 연출했다. 이것은 모두 기본적인 영상 문법을 기반에 두고 사람이 창의적 발상과 치밀한 설계를 더해 탄생한 명장면들이라 할 수 있다.

촬영에서 중요한 기본 영상 문법은 조명과 색감에도

있다. 감독의 의도와 경험, 창의성에 최적화되어 구현되는 조명과 색감은 영상에 힘을 넣어 준다(장기혁, 2024). 자연광과 인공광을 혼합하거나 색온도를 조절해 장면의 분위기를 설계하는 작업은 촬영감독의 섬세한 감각이 요구된다. 생성형 AI로 영상을 만들 때 사실적인 조명을 구현하기는 생각보다 쉽지만, 창작자가 원하는 특정 조명과 색감을 구현하기는 어려운 이유가 여기에 있다. 조명과 색감은 인간의 감각적, 감정적 요소가 가장 많이 반영되는 영상 문법이기 때문이다.

기본적인 영상 문법에서 또 중요한 것이 인물과 공간의 상호작용이다. 인물 또는 피사체와 공간 사이의 관계는 이야기를 전달하는 데 큰 영향을 미친다. 감독이나 촬영감독이 공간과 인물의 상호작용을 얼마나 이해하고 어떻게 이해하고 있는지가 화면에 담기는 내용을 결정한다. 인물과 배경을 얼마나 어떻게 보여 줄 것인가에 대한 고찰은 미장센의 중요 요소이기도 하며, 촬영의 기본 원칙이기도 하다. 빌 포프(Bill Pope) 촬영감독은 영화 〈베이비 드라이버(Baby Driver)〉에서 남녀 주인공이 데이트하는 공간을 코인 세탁소로 설정했는데, 이 장면에서 배경에 보이는 세탁기 안에 다채로운 색상의 빨래가 돌아가게 설정했다. 그리고 두 주인공이 서로 자리를 바꿔 가며 대화를 나누는 동선을 통해 공간의 미적 요소를 충분히 보여 주고, 남녀 간 설레는 사랑의 감정을 감각적으로 표현했다. 인물과 카메라의 움직임을 원하는 의도대로 설계하고 어떤 화각의 렌즈로, 어느 길이의 쇼트로 어떤 공간을 보여 줄지가 매우 중요하다는 것을 말해 주는 사례다. 이러한 예술적 감각은 생성형 AI 도구를 통해서 구현하는 것이 아직까지 매우 어렵다. 정교한 텍스트 프롬프트를 사용해 수없이 많이 생성을 해 봐도 창작자가 원하는 인물과 공간의 상호작용을 얻기는 상당히 어렵다. 결국 운에 기대야 한다.

하지만 기본적인 영상 문법에 대한 이해가 매우 높은 앤더슨, 루베츠키, 샌드그렌, 포프 같은 감독들이 생성형 AI를 활용해 영상을 제작한다면 어떤 일이 벌어질까? 이야기를 가장 효과적으로 표현할 수 있는 영상 문법의 전문가들이 생성형 AI라는 훌륭한 도구를 사용한다면 그 결과는 분명 다를 것이다. 이러한 이유로 많은 생성형 AI 기업들이 할리우드의 유명한 창작자들과 협업을 하는 것이다. 기본이라는 단단한 초석 위에 기술이라는 높은 탑을 세우면 결과는 당연히 훌륭하게 만들어지기 때문이다.

생성형 AI와 영상 문법의 융합

디지털 혁명과 함께 영상 제작 환경은 기술의 발전에 따라 급격한 변화를 겪어 왔다. 특히 최근 등장한 생성형 AI는 영상 문법의 기존 틀에 혁신을 더하며 창작과 제작의 패러다임을 바꾸고 있다. 생성형 AI와 영상 문법의 융합은 단순한 기술적 도구를 활용하는 것이 아니라 인간과 기계가 공존하며 동반 성장할 수 있는 새로운 가능성을 제시한다.

영상 문법은 장면의 구도, 카메라의 움직임, 인물과 배경의 조화, 편집 리듬 등을 통해 이야기를 시각적으로 전달하는 핵심 원칙이다. 이러한 문법은 오랜 시간 동안 창작자들의 경험과 실험을 통해 형성되었으며, 창작 과정에서 중요한 가이드라인 역할을 해 왔다. 반면 생성형 AI는 데이터 학습을 통해 새로운 이미지, 영상, 텍스트를 생성할 수 있는 기술로, 기존 창작 방식을 보완하거나 대체할 잠재력을 지니고 있다. 시나리오 작성, 스토리보드 구성, 영상 편집, 특수 효과 생성 등에서 창작자의 시간을 절약하고 창의적 선택지를 확장할 수 있다.

그러나 생성형 AI와 영상 문법의 융합은 단순히 효율성을 높이는 데에 그치지 않는다. 생성형 AI는 전통적인 영상 문법의 한계를 뛰어넘는 새로운 시도를 가능하게 하며, 이를 통해 관객에게 신선한 시각적 시청 경험을 제공한다. 생성형 AI의 모델에 기반한 알고리즘을 활용하면 전에 불가능하던 시각적 실험이 가능해지고, 정형화된 영상 문법을 넘어서는 독창적인 표현이 탄생할 수 있다. 이는 창작자가 인간 고유의 감각과 정서를 생성형 AI에 융합해 더 깊은 몰입감을 선사하는 작품을 제작할 수 있는 계기를 마련한다.

생성형 AI와 영상 문법의 융합이 성공하기 위해서는 공존의 철학이 필요하다. 인간과 생성형 AI는 대립 관계가 아니라 서로를 보완하는 관계로 이해해야 한다. 인간은 창의성과 감성의 영역에서 강점을 지니며, 생성형 AI는 데이터 처리와 반복, 연산 작업에서 탁월한 성능을 보인다. 이러한 상호 보완 관계를 통해 창작자는 자신이 고유한 아이디어를 구현하는 데 집중하고, 생성형 AI는 이를 실현하는 데 필요한 기술적 지원을 제공할 수 있다.

결국 생성형 AI와 영상 문법의 융합은 기술 발전과 창작의 새로운 장을 열어 가는 동시에, 인간과 기술이 공존하며 동반 성장할 수 있는 모델을 제시한다. 이러한 융합은 창작의 본질을 다시 정의하고, 예술과 기술의 경계를 허무는 혁신적인 미래를 향한 발걸음이 될 것이다.

참고문헌

강지영(2024). AI 기반 VFX 소프트웨어의 혁신: 영화 제작의 새로운 시대. ≪디지털콘텐츠학회논문지≫, 25(8), 2239-2250.

고재형 · 한정엽(2024). 생성형 AI 기반 영상 제작 프로세스 단계에 따른 작업 효율성 연구 - 국외 광고 영상 사례를 중심으로 -. ≪한국공간디자인학회논문집≫, 19(4), 133-142.

구재모(2024). 영상 제작 방법으로서 생성형 AI 기술에 관한 고찰. 디지털소사이어티 문화위원회 특별세미나, AI와 예술 창작: 미술과 영화를 중심으로.

권택경(2024). 영상 생성 AI '소라'의 등장 미디어 산업의 기회일까, 위기일까 : AI가 가져올 미디어 생태계 변화. 한국언론진흥재단.

김종국(2024). 영화산업의 생성형 인공지능(Generative AI) 활용 현황과 문제점, *Journal of Information Technology Application & Management*, 31(3).

번가남(2024). 인공지능이 영화 제작을 대체할 가능성에 관한 연구 - 오픈AI의 챗GPT와 소라를 중심으로 -. ≪한국과학예술융합학회≫, 42(3).

양재희(2024). 생성형 AI를 활용한 영상작품 제작 - 본인 작품 '기억의 전경'을 중심으로. ≪한국영상학회논문집≫, 22(4).

오령(2024). AI 영상 제작기술의 이용의도에 영향을 미치는 요인 연구 : 1인 미디어 생산자를 중심으로. ≪한국방송학보≫, 38(3), 133-173. 10.22876/kab.2024.38.3.004

이화민(2023). 생성형 AI를 넘어 AGI 시대로, *The Korean Institute of Electrical Engineers*, 72(12).

임영훈(2024). 인공지능 기반 영화 제작 기술의 현재와 미래. ≪애니메이션 연구≫ 20(2).

장기혁(2024). 『프로페셔널 영상 촬영의 바이블』. 골든래빗(주).

조서윤 · 이영주(2024). TV 방송 제작진의 생성형 AI 기술 수용에

영향을 미치는 요인: 제작진 인식을 중심으로. ≪한국소통학보≫, 23(3). 277-310.

조희대 · 조신영(2024). 클라우드: 영상 제작 패러다임 전환의 시대. ≪한국방송촬영인협회 촬영인 2024 하반기≫. 50-65.

최현주(2018). 『영상문법, 영상연출과 편집을 위한 기본 원리』, 한울아카데미.

하오화웨 · 최원호. (2024). 생성형 AI와 영화 산업에 관한 연구 - ChatGPT에서 Sora까지. ≪글로벌문화콘텐츠학회 학술대회자료집≫, 2024(8). 269-274.

Yoo, T. K.(2021). Film Production Using Artificial Intelligence with a Focus on Visual Effects. *Journal of the Korea Entertainment Industry Association*, 15(1).

08
생성형 AI와 멀티 플레이어

멀티 플레이어는 영상 콘텐츠 제작 과정에서 기획, 기술, 창의성을 통합적으로 관리하며, 고품질 콘텐츠를 만들어 내는 핵심 역할을 한다. 생성형 AI 도입은 제작 효율성을 높이고 새로운 가능성을 열었지만, 기술과 창작의 균형을 유지하는 멀티 플레이어의 역할이 필수적이다.

AI와 한의학?

멀티 플레이어 시대

영상 콘텐츠 산업은 기술적 발전과 창의적 요구가 끊임없이 상호작용하며 진화하고 있다. 과거에는 기획과 창작, 기술적 구현이 별도의 영역으로 나뉘어 각기 다른 전문가에 의해 수행되어 왔다. 하지만 현재는 이러한 경계가 점점 허물어지고 있다. 특히 생성형 AI의 등장은 기술과 창의성을 융합하는 과정에서 중요한 촉매제가 되고 있다. 이 혁신적인 기술의 발전이 영상 산업 전반에 긍정적 영향을 미치기 위해서는 기술과 창의적 과정의 균형을 맞추는 역할이 매우 중요하다. 이런 역할을 할 수 있는 사람은 기술을 이해하고 수용하는 능력을 갖추어야 하며, 더불어 창의적 과정에 대한 이해도 높아야 한다. 오늘과 같은 기술과 콘텐츠 융합 시대에 영상 제작 과정에서 '멀티 플레이어'가 필요한 이유다.

멀티 플레이어는 영상 콘텐츠 제작 과정의 모든 단계에 관여하며, 각 단계가 유기적으로 연결되도록 조율하는 전문가라 할 수 있다. 단순히 다재다능한 제작자를 넘어 기획, 제작, 기술 구현, 배급, 마케팅 등 모든 과정에 대한 명확한 이해와 통찰력을 바탕으로 콘텐츠의 품질과 효율성을 극대화하는 사람이다. 이런 역할은 글로벌 OTT가 기술적 완성도와 품질을 극강으로 높인 오리지널 콘텐츠의 제작 과정에서 등장했다. 넷플릭스, 디즈니플러스, 아마존과 같은 글로벌 OTT의 오리지널 콘텐츠는 초고해상도(4K, 8K, 12K), HDR(High Dynamic Range), 광색역(ACES)과 같은 최신 영상 기술을 적용해 만들어진다. 이 과정에서 이러한 기술적 요구를 구현하는 데 핵심 역할을 하는 사람들이 필요하며, 일반적으로 포스트 수퍼바이저라 불리는 사람들이 그 역할을 수행한다. 이들은 영상 제작에 필요한 기술적 요소를 숙지하고, 각 공정이 원활이 진행될 수 있도록 조율하며, 높은 수준의 영상 콘텐츠가 제작될 수 있도록 모든 공정에 책임을 진다. 글로벌 OTT의 오리지널 콘텐츠 등장 이후 초고해상도, HDR, 광색역과 같은 최신 기술은 현대 영상 제작의 필수 요소가 되었다. 이러한 트렌드는 단순한 제작 환경의 변화에 그치지 않고 콘텐츠 자체의 품질을 평가하는 중요한 기준으로 자리 잡고 있다. 앞으로 콘텐츠 품질 관리를 할 수 있는 역할에 대한 수요가 점점 증가할 수밖에 없다.

생성형 AI를 활용한 영상 제작이 영화, 드라마, 예능, 뉴스 등 영상 산업의 모든 분야에 빠르고 깊게 확산되고 있다. 이러한 변화는 영상 제작자들이 숨 고를 틈도 없이 급속히 진행되고 있다. 마치 생성형 AI를 활용해 영상을 제작하지 않으면 도태될 것만 같은 우려마저 생길 정도다. 그러다 보니 생성형 AI를 활용한 영상 제작이 우후죽순으로 늘어나고 있다. 이런 움직임은 트렌드에 민감한 방송사에서 가장 먼저 발생한다. 지상파 방송사 MBC의 경우, 〈심야괴담회〉라는 프로그램에서 일부 괴담 내용의 이미지를 생성형 AI로 제작해 방송했는데, 시청자로부터 너무 무섭고 몰입을 해친다며 큰 비판을 받았다. 이에 대해 제작진은 제작 비용이 부족해 생성형 AI를 활용해 제작할 수밖에 없었다며 해명했다. TV조선은 〈아바드림〉이라는 프로그램을 통해 고인이 된 스타의 생전 인터뷰와 노래를 활용해 생성형 AI 기술로 목소리를 복원했다. 이프로그램은 신선함과 놀라움을 자아냈지만 프로그램 자체의 이슈는 크게 되지 못했다. 이런 사례들은 시청자가 좋아할 만한 기획을 유지하며 기술의 장점을 취하기 위해서는 제작진의 고민이 더 많이 필요해 보인다는 비판을 받는 이유다.

그렇다면 콘텐츠 제작 시 기술의 장점을 취하는 방법은 무엇인가? 바로 그 기술을 제대로 이해하고 정말 필요한 곳에 사용하는 것이다. 앞선 사례는 생성형 AI 영상 제작 도입을 단순히 비용 절감과 효율성이라는 단기적 목표에 치중해 접근하는 것이 문제였다. 기술과 창의성의 균형을 맞추는 것이 매우 중요한데 이 부분을 프로그램 제작진이 간과한 것이다. 글로벌 OTT의 오리지널 콘텐츠가 그토록 높은 품질을 유지하는 이유는 분명히 있다. 시청자의 몰입을 방해하지 않기 위해서는 영상, 음성 등 콘텐츠의 모든 기술적인 품질이 높아야 한다는 것을 인공지능을 통해서 분석했기 때문이다. 글로벌 OTT는 새로운 기술을 도입하고 적용하기에만 급급한 것이 아니라, 최적의 방법으로 도입하기 위한 철저한 준비를 갖추었다. 이런 준비 덕분에 넷플릭스의 〈아이리시맨〉과 같은 영화가 인공지능, 3D 입체 영상 기술 등을 사용해 배우들의 디에이징을 구현하고 탄생시킬 수 있었다.

국내 지상파 방송사들은 너 나 할 것 없이 모두 AX(AI Transformation) 팀을 만들어 생성형 AI 영상 제작 시대를 준비하고 있다. 하지만 이 과정에서 깊이 있는 논의와 진정성 있는 접근보다는 단순히 트렌드를 따르는 방식으로 진행되고 있다. 이는 장기적으로 생성형 AI 기술을 영상 제작에 통합하는 데 실패할 가능성을 높인다. 글로벌 OTT와 비교했을 때 방송사가 제작한 콘텐츠가 경쟁력이 떨어지는 이유는 단순히 생성형 AI 기술을 활용하지 않았기 때문이 아니라 이를 창의적으로, 전략적으로 사용하지 못했기 때문이다. 생성형 AI 기술을 정확히 이해하고 가장 잘 쓰일 수 있는 분야에 최적화해 적용하는 것이 어느 때보다도 중요하다. 이러한 작업은 기술에 대한 이해만 높은 사람은 할 수 없다. 콘텐츠의 창의적 과정을 함께 이해하고 제작진을 이끌 수 있는 멀티 플레이어만이 가능하다.

멀티 플레이어와 멀티 프로듀서, 같은 역할, 다른 표현

멀티 플레이어와 멀티 프로듀서는 본질적으로 동일한 역할을 수행한다. 이들은 영상 콘텐츠 제작 과정에서 기획, 연출, 촬영, 편집, 후반 작업에 이르기까지 모든 과정에 관여하며, 각 공정이 유기적으로 연결되도록 조율하는 것이 주된 임무다. 특히 기술을 도입하여 그 완성도를 높이고 콘텐츠의 창의적 품질을 극대화하는 일에 중추적인 역할을 한다. 포스트 수퍼바이저라고 불리는 이런 역할은 한 사람만의 의지로 만들어지는 것이 아니며, 제작 과정의 시스템으로 자리 잡아 운영되어야 한다. 넷플릭스와 같은 글로벌 OTT가 기술을 잘 활용해 오리지널 콘텐츠를 만들 수 있는 이유는 기술을 대한 이해를 바탕으로 합리적인 제작 시스템과 인력을 운용하는 시스템이 구축되어 있기 때문이다.

그러나 국내에서는 포스트 수퍼바이저라는 역할이 있다 하더라도 제대로 일을 하기 어렵다. 직책명에 따라 업무의 권한과 책임이 달라지는 경우가 많기 때문이다. 우리나라에서는 포스트 수퍼바이저라는 직책을 단순히 후반 작업만 하는 사람으로 생각하는 경향이 높다. 이 역할을 하는 사람이 모든 공정을 유기적으로 연결하고자 관여하는 순간 각 파트의 인력들이 이를 거부하는 경우가 대부분이다. 그래서 국내에서는 멀티 플레이어 역할을 수행하는 사람을 포스트 수퍼바이저가 아닌 멀티 프로듀서로 불러야 한다. 프로듀서라는 직책은 상대적으로 더 높은 위치를 뜻하며, 더 많은 권한과 책임을 내포한다. 따라서 동일한 역할이라도 포스트 수퍼바이저보다 멀티 프로듀서라는 용어를 사용하는 것이 이들의 역할과 권위를 명확히 나타낼 수 있다. 멀티 프로듀서라는 용어는 단순히 업무를 다재다능하게 수행하는 사람이 아니라 창작과 기술, 관리의 중심에 서서 전체 프로젝트를 이끄는 리더로서의 위상을 강조한다.

생성형 AI와 멀티 프로듀서의 융합

생성형 AI는 방대한 데이터를 학습해 텍스트, 이미지, 비디오, 오디오를 생성할 수 있는 기술로, 영상 제작의 모든 단계에 혁신을 일으켰다. 시나리오 작성, 시각 효과 생성, 편집 등의 영역에서 생성형 AI는 창작자들의 작업을 지원하며 제작 시간과 공정, 비용을 줄여 준다. 멀티프로듀서는 이 과정에서 생성형 AI의 도입으로 인한 효율성과 동시에 콘텐츠의 품질을 높이는 것에도 기여해야 한다. 단순히 기획과 실행을 조율하는 정도가 아니라 기술적 혁신을 콘텐츠 제작 과정에 통합하는 방향으로 확장해야 한다. 생성형 AI가 제안하는 모든 결과물을 창의적으로 해석하고 기존 스토리텔링, 영상 문법, 제작 방식 등과 원활하게 융합할 수 있는 지휘자가 되어야 한다.

이를 위해 멀티플레이어가 갖춰야 할 핵심 역량은 다음과 같다. 먼저 기술적 전문성을 갖춰야 한다. 생성형 AI 기술뿐만 아니라 고품질 영상 콘텐츠의 제작 과정 전반에 대한 이해도가 높아야 한다. 초고해상도, HDR, 광색역, 색 보정, 믹싱, VFX, 마스터링 등 각각의 공정에 대해 해당 분야 전문가만큼의 지식 수준은 아니더라도, 최소한 왜 이 기술을 사용해야 하는지는 이해하는 수준이 되어야 한다.

다음으로는 창의적인 통찰력이 있어야 한다. 멀티 프로듀서는 기술과 창의적 과정을 융합하는 매개 역할을 하는 사람이다. 아무리 좋은 기술이라고 해도 창의적 과정에 방해가 된다면 쓸모없는 기술이 된다. 과거에는 이런 판단은 대부분 감독이나 방송사 PD들이 했다. 이들은 기술에 대한 사용을 판단할 때 대부분 창의적 판단에만 근거해 선택한다. 쉽게 말하면, 기술의 구현이 어렵고 과정이 복잡한데 창의적 판단에 방해가 된다면 절대 사용하지 않았다는 것이다. 멀티 프로듀서는 기술적 이해도를 바탕으로 창의적 판단에도 영향을 줄 수 있어야 한다. 그러기 위해서 멀티 프로듀서는 스토리텔링 능력과 기획, 연출 능력 등을 두루 갖추고 있어야 한다. 함께 프로젝트를 이끄는 감독이나 PD와 의견을 나눌 수 있는 수준이어야 한다.

다음으로는 예산과 일정을 효율적으로 관리하며 각 공정을 조율할 수 있는 프로젝트 관리 능력을 지녀야 한다. 기술을 사용하려면 반드시 돈이 필요하다. 세상의 어떤 기술도 비용을 들이지 않고 사용하는 것은 없다. 생성형 AI가 이런 비용을 획기적으로 줄여 주지만, 생성형 AI 또한 오랜 시간 사용한다면 비용이 증가할 수 있다. 멀티 프로듀서는 이런 면에서 기술을 사용하는 데 필요한 예산과 얼마나 어떻게 사용할 것인가 등을 원활하게 조율해야 한다.

마지막으로 가장 중요한 것은 소통 능력이다. 멀티 프

로듀서는 프로젝트를 진행하며 관련된 다양한 이해 관계자들과 소통해야 한다. 창작자는 기본이고 기술자 또는 투자자와도 원활하게 소통해야 한다. 각 분야 이해 관계자들의 간극을 메우고, 기술적 요구와 창의적 비전을 동시에 충족할 수 있는 환경을 만들기 위한 가장 중요한 능력이다.

멀티 프로듀서가 갖춰야 할 이러한 핵심 역량은 한 번에 습득할 수 없다. 영상 콘텐츠 제작 경험을 오랜 시간 쌓아야 하며, 동시에 창의적인 작업과 기술적인 작업에 꾸준히 관심을 두어야 한다. 이를 위해서는 체계적인 교육과 훈련이 필수적이다. 이는 영상 제작 기술뿐만 아니라 인공지능과 데이터 분석, 창의적 기획 능력을 포함해야 한다. 현재까지 멀티 프로듀서 양성을 위한 체계적인 교육 프로그램은 없다. 도제식 방법으로 각자가 스스로 배우고 익힐 뿐이다. 향후 실질적인 프로젝트 경험을 통해 필요한 역량을 효과적으로 배울 수 있는 교육 과정이 설계되고 멀티 프로듀서 시스템이 구축될 필요가 있다.

영상 콘텐츠의 미래를 위한 멀티 프로듀서의 비전

생성형 AI의 도입은 영상 제작의 새로운 가능성을 열었지만, 기술 자체만으로는 고품질 콘텐츠를 만들어 낼 수 없다. 멀티 프로듀서는 기술과 창의성을 융합해 AI 시대의 새로운 창작 생태계를 이끌어 갈 핵심 인재로 성장해야 한다. 이들은 기존 영상 제작 방식을 혁신하고, 콘텐츠의 품질을 극대화하며, 글로벌 시장에서 경쟁력 있는 콘텐츠를 만들어 내는 데 중추적인 역할을 할 것이다.

멀티 프로듀서 시스템의 구축은 단순한 기술 혁신이 아니라 미디어 산업의 미래를 위한 필수적인 변화다. 이를 통해 생성형 AI와 인간의 창의성이 조화를 이루며, 새로운 영상 문법과 시청 경험을 창출할 수 있을 것이다. 우리는 생성형 AI라는 기술을 통해 영상 제작의 새로운 시대를 맞이하고 있으며, 신기술을 적극적으로 활용하는 멀티 프로듀서의 역할은 산업의 지속 가능한 발전을 위해 점점 중요해질 것이다.

참고문헌

강지영(2024). AI 기반 VFX 소프트웨어의 혁신: 영화 제작의 새로운 시대. ≪디지털콘텐츠학회논문지≫, 25(8). 2239-2250.

고재형 · 한정엽(2024). 생성형 AI 기반 영상 제작 프로세스 단계에 따른 작업 효율성 연구 - 국외 광고 영상 사례를 중심으로 -. ≪한국공간디자인학회논문집≫, 19(4), 133-142.

구재모(2024). 영상 제작 방법으로서 생성형 AI 기술에 관한 고찰.

디지털소사이어티 문화위원회 특별세미나, AI와 예술 창작: 미술과 영화를 중심으로.
김선아(2023). 영화산업과 미디어 다양성의 차원 및 현황 연구. ≪영화연구≫, 97, 37-69. 10.17947/FS.2023.8.97.37
박재희(2022). 국내 OTT 서비스 오리지널 콘텐츠 제작 환경 변화에 관한 연구. 상명대학교 석사학위논문.
이호수(2020). 『넷플릭스 인사이트: 넷플릭스는 어떻게 파괴적 혁신의 아이콘이 되었는가?』 21세기북스.
정한별(2024.7.23). 몰입 깨진다고? '심야괴담회', AI 사용한 속사정. 한국일보.
https://www.hankookilbo.com/News/Read/A2024071811140001544
차현아(2021.4.12). [콘텐츠도 AI시대] 넷플릭스 맞선 국내 OTT 생존 키워드는 'AI'. 아주경제.
https://www.ajunews.com/view/20210411161942546
크리스(2018.3.9). 시나리오에서 스크린으로: 기술을 통한 콘텐츠 제작의 진화. 넷플릭스.
https://about.netflix.com/ko/news/from-script-to-screen-empowering-production-with-technology
Chun, S., & Shin, S. J.(2021). Comparison of online video(OTT) content production technology based on artificial intelligence customized recommendation service. *The Journal of The Institute of Internet, Broadcasting and Communication*, 21(3), 99-105.
https://doi.org/10.7236/JIIBC.2021.21.3.99
Watercutter, A.(2019.12.5). The Irishman gets De-aging right - No track dots necessary, WIRED.
https://www.wired.com/story/the-irishman-netflix-ilm-de-aging/

09
생성형 AI와 저작권

생성형 AI는 창작의 가능성을 확장하지만, 학습 데이터의 저작권 침해와 생성형 AI 산출물과 인간 저작물 간의 법적 지위 문제를 야기한다. 세계 각국은 저작권 보호와 생성형 AI 기술 발전 간의 균형을 찾기 위해 다양한 노력을 하고 있다. 지금은 인간 창작자와 생성형 AI가 조화롭게 공존하는 방법에 대한 논의가 절실히 필요한 때다.

AI와 화장품?

생성형 AI와 저작권의 충돌

2024년 11월 30일, 연합뉴스는 "생성형 인공지능 '챗GPT'를 개발한 오픈AI가 캐나다 언론사 5곳으로부터 저작권 침해 소송을 당했다"고 AP와 블룸버그 통신 등이 보도한 내용을 인용해 전했다. 보도에 따르면 캐나다에서 뉴스를 다루는 언론사 다섯 곳(토스타, 포스트미디어 네트워크 캐나다, 글로브앤드메일, 캐네디언프레스, CBC/라디오-캐나다)은 캐나다 온타리오 고등법원에 오픈AI를 상대로 손해배상 청구 소송을 제기했다. 소송을 제기한 언론사들은 오픈AI가 생성형 AI를 학습시키기 위해 캐나다 언론사들의 콘텐츠를 무단으로 대량 수집해 사용하며 수익을 창출하고 있다고 했다. 그러나 오픈AI는 이 소송에 대한 논평 요청에 응답하지 않았다(임미나, 2024).

오픈AI를 상대로 한 저작권 침해 소송은 이뿐만이 아니다. 캐나다에서는 처음이지만, 이미 미국에서는 뉴욕타임스 등의 언론사들이 이미 소송을 진행 중이다. 뉴욕타임스는 자사 기사가 AI 학습에 사용되지 못하도록 약관을 개정했으며 무단 사용 시 법적 책임을 묻겠다고 명시했다. 로이터 · CNN 등 주요 외신도 오픈AI가 자사 뉴스와 블로그 사이트의 콘텐츠를 임의로 수집하지 못하도록 챗지피티의 웹 크롤러(사이트를 돌아다니며 데이터를 자동 수집하는 프로그램)를 차단했다(이승환, 2023). 최근에는 아시아권에서도 첫 소송 사례가 나왔다. 블룸버그에 따르면 2024년 11월 19일 인도 통신사 아시안 뉴스 인터내셔널(ANI)은 오픈AI가 자사의 콘텐츠와 데이터를 대형언어모델(LLM) 훈련에 무단 사용했으며, ANI를 출처로 잘못된 정보를 생성했다고 주장하고 손해배상으로 2000만 루피(약 3억 3000만 원)을 요구하는 소송을 델리 고등법원에 제기했다(Mahajan, 2024).

반면 오픈AI가 저작권 침해 소송에서 승소한 사례도 있다. 이코노미스트의 보도에 따르면 2024년 11월 8일 스토리 · 알터넷 등이 오픈AI를 상대로 낸 저작권 침해 소송이 미국 뉴욕 남부 연방법원에서 기각되었다. 해당 재판의 판사는 원고가 실제 입은 피해를 증명하지 못했다는 것을 기각 사유로 밝혔다. 그러면서 중요한 쟁점은 오픈AI가 저작권 관리 정보를 제거한 것이 아니라 피고의 기사를 사용하면서 보상하지 않은 부분이라고 지적했다. 데이터의 무단 사용보다는 사용에 대한 보상을 하지 않는 게 문제라는 것을 보여 준다고 이코노미스트는 전했다(최영진, 2024).

오픈AI뿐만 아니라 다른 생성형 AI 기업들도 많은 소송에 휘말리고 있다. 미국 최대 이미지 스톡 서비스 업체 게티이미지(gettyimages)는 이미지 생성 서비스를 제공하는 스태빌리티 AI(Stability AI)가 생성형 AI 학습에 자사의 이미지 1000만 장 이상을 무단 이용했다는 이유를 들며 2023년 1월 영국과 2월 미국에서 각각 손해배상 소송을 제기했다(김현경, 2023).

이처럼 방대한 양의 데이터를 학습해 텍스트, 이미지, 음성, 영상 등을 생성하는 생성형 AI 기술은 저작권 체계와 충돌을 일으키며 창작자의 권리와 생성형 AI 기술의 발전 간 균형을 요구하는 복잡한 문제를 낳고 있다. 기존 창작물들을 학습하고 이를 기반으로 새로운 콘텐츠를 생성하는 과정이 지속적으로 저작권 침해 가능성을 유발할 것이다. 하루 빨리 창작자와 생성형 AI 기업, 그리고 사용자 간의 권리에 대한 균형을 찾는 것이 필요한 이유다.

생성형 AI와 저작권의 주요 쟁점

작금의 저작권 침해에 대한 주요 쟁점은 세 가지로 분류할 수 있다. 먼저 생성형 AI가 학습하는 데이터에 관한 이슈다. 생성형 AI는 학습 데이터를 기반으로 새로운 콘텐츠를 생성한다. 주로 인터넷에서 자동으로 수집하는 방식으로 학습 데이터를 사용한다. 예를 들어 생성형 AI가 이미지를 생성하기 위해서 수많은 그림, 사진 등을 학습했을 때, 이러한 데이터에는 작가나 본래 저작권자의 동의를 받지 않은 저작물이 포함될 수 있다. 이런 데이터를 사용하는 것은 본래 창작자에게는 무단으로 작품을 사용하는 것으로 느껴질 수 있다. 기존 저작물이 저작권자의 동의 없이 수집되었다면 이것은 저작권법 위반이기 때문이다(이승환, 2023). 앞서 언급한 생성형 AI 기업과 미디어 기업 간의 수많은 소송 건들이 바로 이러한 이슈 때문에 제기되는 것이다.

다음으로 이슈가 되는 것은 생성형 AI가 만들어 낸 산출물이다. 국내에서는 문화체육관광부와 한국저작권위원회가 생성형 AI의 등장으로 촉발된 저작권 쟁점들을 검토하고 대응 방안을 모색하기 위해 학계·법조계·산업기술계 각 분야의 전문가와 이해관계자들로 구성한 'AI-저작권 제도 개선 워킹 그룹'을 2023년 2월 발족해 운영했다. 이 워킹 그룹은 다각도의 논의 끝에 "생성형 AI 저작권 안내서"를 작성해 2023년 10월에 공개했다. 이 안내서에 따르면, 저작권법상 창작의 주체는 인간에 국한되므로 생성형 AI가 만들어 낸 결과물에는 'AI 창작물', 'AI 저작물'이 아니라 'AI 산출물', 'AI 생성물' 또는

'AI 결과물' 등의 용어를 사용하는 것이 바람직하다. 이에 해당 안내서에서는 'AI 산출물'로 용어를 통일했다(한국저작권위원회, 2023). 저작권법은 "인간의 사상 또는 감정으로 표현한 창작물"을 저작물로 정의하고 있고, 우리나라뿐만 아니라 대부분의 국가에서 생성형 AI에 의한 산출물의 저작물성을 부인하고 있다(김현경, 2023). 이러한 시각은 생성형 AI가 만들어 낸 결과물을 바라보는 우리의 관점이 어떠한지를 보여 준다. 하지만 해당 안내서만이 아니라 다른 많은 논의에서도 저작권 침해에 대한 쟁점은 개별 사안마다 법원의 판단으로 규명되어야 한다는 결론을 보이며 결국 명확한 해결책을 제시하지는 못하고 있다.

마지막 주요 이슈는 생성형 AI 산출물의 프롬프트에 대한 이슈다. 생성형 AI 산출물은 사용자가 입력한 프롬프트(입력) 내용을 바탕으로 결과물이 생성되는데, 이 프롬프트가 독창적이라면 이것이 저작물로 인정될 수 있는가 하는 논의다. 즉 생성형 AI 산출물에 영향을 미치는 사용자의 프롬프트가 저작물로 간주된다면, 프롬프트 작성자에게도 일정한 권리가 부여될 수 있다는 것이다. 이것은 생성형 AI 산출물이 인간의 저작물과 실질적으로 유사한 경우 저작권 침해를 인정할 것인가에 대한 쟁점으로도 확장된다(김현경, 2023). 현재로서는 프롬프트가 충분한 창작성을 가진다면 저작물로 인정될 수 있으나, 일반적으로는 창작성이 낮아 보호 대상이 되지 않는 경우가 많다. 사용자의 창작성 여부에 따라 저작권 인정 여부가 달라지는 것이다. 하지만 이를 위해서는 프롬프트와 생성형 AI 산출물 간의 관계를 명확히 정의할 수 있어야 한다. 현재까지는 이에 대한 명확한 기준이 없어 충분한 논의가 필요하다.

세계 각국의 저작권 대응 사례

지난해 미국에서는 생성형 AI가 만든 콘텐츠는 인간의 창작이 포함된 경우에만 일부 저작권을 인정할 수 있다는 판단을 내렸다. 미국의 만화 작가인 크리스 카슈타노바(Kris Kashtanova)는 생성형 AI 미드저니를 활용해 그래픽 소설 〈새벽의 자리야(Zarya of the Dawn)〉를 만들고 저작권 등록을 시도했는데, 처음에는 작품 전체가 승인을 받았지만 미국 저작권청에서 생성형 AI 활용 사실을 알고 등록을 재검토했다. 미국 저작권청은 카슈타노바가 작성한 텍스트 자체와 텍스트 및 시각적 요소의 선택, 조정, 배열에 관한 권리는 보호된다고 명시했지만, 미드저니를 사용해 생성된 저작물의 이미지는 인간 저작자의 산출물이 아니므로 보호받을 수 없다고 판단했다. 미국 저작권청은 생성형 AI를 활용한 창작의 경우 인간의 개입에 관한 부분만 한정적으로 보호받을 수 있다고 설명했다. 저작권 등록 시 생성형 AI를 활용한 생성물이 포함되면 관련 내용을 설명해야 하며 이를 누락하거나 누락이 의심되는 경우 저작권 등록이 취소될 수 있음을 공지하기도 했다. 이를 계기로 미국 저작권청은 생성형 AI를 이용해 생성된 소재를 담은 저작물의 등록 안내서를 2023년 3월에 발표했다.

유럽연합에서는 생성형 AI가 데이터를 학습하는 것을 허용하는 방향으로 법을 정비하고 있다. 2023년 6월 유럽연합 의회는 EU 인공지능법(AI Act) 수정안을 본회의에서 채택했으며, 12월에 의회, 집행위원회, 이사회 간 3자 합의를 도출한 후 의회와 이사회의 공식적인 승인 절차를 거쳐 공표했다. 이 법안에서는 저작권과 관련해 생성형 AI에 이용되는 파운데이션 모델 제공자와 생성형 AI 시스템 제공자에 대한 의무를 규정했으나 구체적인 이행 방법과 기준은 제시하지 못했다는 평가를 받는다. 다만 저작권자가 자신이 소유한 데이터의 사용을 거부할 권리가 있음을 명시하고 있는데, 이러한 조치는 창작자의 권리를 존중하면서 생성형 AI 기술 발전도 지원하려는 의도로 파악된다. 대표적인 사례로 독일 함부르크 지방법원은 2024년 9월 27일 사진작가 로버트 크네슈케(Robert Kneschke)가 비영리 단체 라이온(LAION)을 상대로 제기한 소송에서, 라이온이 생성형 AI 학습을 위해 그의 사진을 무단으로 사용한 것은 과학적 목적의 텍스트 및 데이터 마이닝(Data Mining, 패턴, 경향, 기타 유용한 정보를 분석하는 자동 분석 기술)에 대한 예외 조항에 해당해 저작권 침해가 아니라고 판단했다(Esteban, 2024).

국내에서도 생성형 AI의 학습이 좀 더 용이하도록 지원하는 방향으로 법률 개정 등이 진행되었으나 현재는 크게 반영된 것이 없다. 지난 21대 국회에서 생성형 AI 및 빅데이터 기술 발전에 따라 정보 분석 목적으로 저작물 이용 시 저작권자의 허락 없이도 이를 이용할 수 있도록 하는 텍스트 및 데이터 마이닝(Text and Data Mining) 규정을 저작재산권 제한 사유의 하나로 신설하는 저작권법 개정안이 발의되었으나 통과되지 않았다. 이후 22대 국회에서는 안철수 국민의힘 의원이 발의한 '인공지능 산업 육성 및 신뢰 확보에 관한 법률안'을 시작으로 여야에서 9건의 AI 법률안이 발의되었으나 여전히 계류 중이다. 국회에서는 AI 산업 진흥과 규제가 조화를 이룰 수 있는 방안을 마련해야 한다는 목소리가 커지며 다양한 토론이 이뤄지고 있다. 디지털산업정책연구소 등 여러 기관에서도 생성형 AI 기술 도입에 따른 다양한 과제를 해결하기 위해 세미나, 포럼 등을 개최하며 다양한 정책 방향을 모색하고 있다. 한국저작권위원회 정책연구본부 김혜창 본부장은 2024년 6월 12일에 열린 '2024 콘텐츠 산업포럼'에서 "저작권리자에게 어떻게 적절한 보상을 하면서 AI 학습에 필요한 데이터를 제공할지 제공자와 이용자 양측의 이해가 필요"하다며 향후 관련 논의가 더욱 필요하다고 강조했다.

다른 나라에서도 생성형 AI와 저작권에 관련해서 여러 논의를 하고 있다. 일본에서는 2023년 12월 AI와 저작관 관련 쟁점에 대해 그간 논의한 것을 정리해 초안을 발표했는데, AI의 학습 및 개발 단계와 생성 및 이용 단계에서의 저작권 침해 판단 기준 및 책임 주체 등에 대해 주로 다뤘다. 중국에서는 법원에서 생성형 AI를 활용해 생성한 보고서 등과 관련해 생성형 AI의 창작 주체성을 부정했고, 저작권법상 저작물로 보호받기 위해서는 여전히 인간이 창작해 완성할 것이 필수적으로 요구되며 해당 보고서 등은 자동적으로 생성된 것이 아니라 인간의 지적 활동에 따른 결과물이라고 판단했다. 즉, 중국은 생성형 AI로 만들어 낸 이미지 등이나 그 산출 과정에서의 프롬프트 입력 및 매개변수 조정 등에 대해서 인간의 창작적 기여를 인정하고 저작물로 보호될 수 있다고 보고 있다(Kuai et al., 2022). 저작물을 문학, 예술 및 과학 영역의 독창성이 있고 일정한 형식으로 표현된 지적 성과로 규정하고, 저작물의 특징에 부합하는 기타 지적 성과를 포함하는 등 포괄적인 접근을 취하고 있는 중국의 시각을 엿볼 수 있다.

창작과 기술의 공존을 위한 규범

생성형 AI는 창작의 경계를 확장하며 문화적, 경제적 가치를 창출할 수 있는 엄청난 잠재력을 지니고 있다. 그러나 생성형 AI 기술의 발전으로 인해 우리 사회가 큰 혼란에 빠질 수 있음을 앞선 사례들에서 확인할 수 있었다. 생성형 AI가 인간의 창작 활동을 대체하거나 저작권을 침해하지 않도록 체계적인 관리와 법적 틀이 필요한 이유다. 생성형 AI 시대의 합리적인 저작권 관리 방안은 전 세계적으로 여러 토론과 논의를 통해서 점점 구체화되고 있다. 이런 논의의 핵심은 결국 창작자의 권리를 보호하는 동시에 생성형 AI 기술의 활용을 촉진할 수 있는 균형 잡힌 방향이라고 모두가 같은 목소리를 내고 있다. 이를 위한 구체적인 방안은 생성형 AI 사업자, 저작권자, 생성형 AI 사용자마다 각각 첨예하게 다르지만, 공통적으로 따라야 하는 규범은 존재한다.

저작재산권이 제한되는 사유를 포괄적인 형태로 정하고 있는 공정 이용 규정은 생성형 AI 학습에 필요한 데이터 활용을 합법화할 수 있는 중요한 도구다. 이는 생성형 AI 사업자가 저작권 침해 논란에서 벗어날 수 있는 법적 근거를 제공하며 동시에 저작권자에게 적절한 보상을 보장하는 제도적 기틀이 될 수 있다.

이와 더불어 생성형 AI 학습 데이터를 관리하기 위한 기술적 접근도 필요하다. 크롤링 방지 기술, 저작물에 대한 명시적 동의 또는 거부 옵션 제공 등이 대표적이다. 또한 학습된 데이터 중 저작권 침해 요소를 사전에 제거하는 기술의 개발도 중요한 과제다.

또한 생성형 AI 산출물에 명시적 표시를 통해 인간의 창작물과 명확히 구분할 수 있는 투명성을 확립해야 한다. 생성형 AI 산출물에 워터마크를 삽입하거나 생성 과정을 숨김 없이 공개해 콘텐츠 소비자와 창작자 간의 신뢰를 구축할 수 있는 장치를 마련해야 한다. 이런 노력은 윤리적 관념이 동반되어야 하며 성숙한 시민의식과도 결부된다.

생성형 AI는 창작의 새로운 가능성을 열었지만, 창작자와 기술의 균형이 유지되지 않는다면 창작자의 권리가 희생될 수 있다. 생성형 AI 기술은 창작자를 보완하는 도구로 발전해야 한다. 이를 위해서 우리는 창작자의 권리를 보장하는 동시에 생성형 AI 기술이 사회적으로 받아들여질 수 있는 체계를 만들어야 한다. 법적, 기술적, 사회적 조치를 통해 인간의 창의성과 생성형 AI의 효율성이 공존하는 미래를 만들어 가는 것이 무엇보다 중요하다. 이는 모두가 창작의 가치를 존중하면서 기술의 발전을이 가져오는 혜택을 누릴 수 있는 상생의 길이 될 것이다.

참고문헌

권택경(2024.4.5). [생성AI길라잡이] AI로 만든 콘텐츠, 저작권 인정될까?. IT동아.
https://www.donga.com/news/article/all/20240405/124346196/1

권혜미(2023.11.1). 생성형 AI 저작권 첫 판결…美 법원 "저작권 침해 아니다". 전자신문.
https://www.etnews.com/20231101000358

김기정 · 최현윤(2024.9.8). 생성형 AI의 저작권법 상 쟁점과 주요 분쟁 사례. 법률신문.
https://www.lawtimes.co.kr/LawFirm-NewsLetter/201296

김민수(2024.12.2일). [초점]생성형 AI, 미디어 산업의 패러다임을 바꾸다...신입기자가 사라진다?. 아웃소싱타임즈.
http://www.outsourcing.co.kr/news/articleView.html?idxno=100536
김인기(2024.12.5). AI 활용에 따른 형사법적 문제는? 전자신문.
https://www.etnews.com/20241205000254
김현경(2023.11.30). 생성형 AI와 저작권 쟁점. 스타트업얼라이언스 이슈페이퍼, 2023-12호.
방송통신위원회(2024.4.4). 생성형 AI가 만든 저작물 저작권은 누가 갖게 될까요?. 대한민국 정책브리핑.
https://korea.kr/news/policyNewsView.do?newsId=148927815
손영화(2023). 생성형 AI에 의한 창작물과 저작권. ≪법과정책연구≫, 23(3), 357-389.
신용우(2023). 생성형 AI 관련 저작권 쟁점과 대응 방안. 한국문화정보원, 문화정보 이슈리포트, 2023-2호(제42호).
심지혜(2024.12.1). 생성형 AI 콘텐츠 저작권 문제 어떻게...합리적 정책 방향논의 세미나 열린다. 뉴시스.
https://www.fnnews.com/news/202412011052110986
윤영선(2024). 생성형 AI와 저작권 침해 이슈의 기술적 고찰. ≪한국소프트웨어감정평가학회 논문지≫, 20(3), 1-11.
이미나(2024). 생성형 AI 창작물에 대한 저작권 고찰 - 출판물을 중심으로 -. ≪한국디자인포럼≫, 29(4), 131-140.
이승환(2023). 생성AI 확산과 저작권 이슈의 부상. 국회미래연구원 23-15호.
이태수(2023.10.26). AI 저작권 관련 활용 가이드 첫 공개… "타인 권리 침해 않아야". 연합뉴스.
https://www.yna.co.kr/view/AKR20231026139300005
임경호(2024.6.12). 생성형 AI 활용 저작권 문제, 다른 나라는 어떻게? “저작권자·이용자 양측 이해 필요”. 테크엠.

https://www.techm.kr/news/articleView.html?idxno=125949
임미나(2024.11.30). 오픈AI, 캐나다 언론사 5곳에 '저작권 침해' 피소. 연합뉴스. https://www.fnnews.com/news/202411300453055054
정윤경(2023). 생성형 AI 확산과 저작권 규율 방안. 인하대학교 법학연구소. ≪IP&DATA법≫, 3(2), 143-188.
정채선(2024). 생성형 인공지능(AI) 학습과정에서의 저작권 침해에 대한 고찰. 연세대학교 석사학위논문.
최다혜 외(2023). 생성AI와 AI 창작물 저작권에 대한 사용자의 인식 연구: 사용자 그룹의 차이를 중심으로. ≪문화기술의 융합≫, 9(1), 777-786.
최영진(2024.11.30). AI학습 데이터의 저작권 소송 이어져...캐나다 언론사 오픈AI 상대로 소송. 이코노미스트. https://economist.co.kr/article/view/ecn202411300008#none
한국저작권위원회(2023). 생성형 AI 저작권 안내서. https://www.copyright.or.kr/information-materials/publication/research-report/view.do?brdctsno=52591
Baeber, G.(2023.12.7). The Generative AI Copyright Fight is just getting started. WIRED. https://www.wired.com/story/livewired-generative-ai-copyright/
Esteban, P.(2024.10.3). Un tribunal alemán, por primera vez en Europa, rechaza el recurso de un fotógrafo al que una inteligencia artificial le robó su foto. CincoDias. https://cincodias.elpais.com/legal/2024-10-03/un-tribunal-aleman-por-primera-vez-en-europa-rechaza-el-recurso-de-un-fotografo-al-que-una-inteligencia-artificial-le

-robo-su-foto.html

Kuai, J., et al.(2022). AI Journalism: How the Chinese Copyright Law Protect Tech Giants'AI Innovation and Disrupts the Journalistic Institution. *Digital Journalism*, 10(10), 1901-1902.

Mahajan, S.(2024.11.19). Indian News Agency Sues OpenAI for Copyright Violation. Bloomberg. https://www.bloomberg.com/news/articles/2024-11-19/indian-news-agency-sues-openai-for-copyrighted-content-violation

10

생성형 AI 영상 제작 교육

생성형 AI 영상 제작 교육은 창작에 접근성을 높이고, 영상 제작의 효율성과 창의성을 강화하는 데 중점을 둔다. 교육은 창작자들이 생성형 AI와 협력해 새로운 가능성을 탐구할 수 있도록 돕는다. 이를 통해 창작의 문턱을 낮추고, 글로벌 경쟁력을 갖춘 콘텐츠 제작 역량을 강화하며, 기술과 함께 지속 가능한 창작 생태계를 구축하는 데 기여한다.

종교와 AI?

생성형 AI 영상 제작교육의 필요성

영상 제작은 오랜 시간 동안 창작자와 기술자의 협업을 통해 발전해 온 영역이다. 기획부터 촬영, 후반 작업까지 많은 시간과 노동, 비용이 요구되는 과정이었다. 하지만 최근 들어 생성형 AI의 등장으로 영상 제작의 패러다임이 급격히 변화하고 있다(서현경, 2024). 전통적인 영상 제작은 기획, 촬영, 편집, 특수효과 등 각 단계에서 전문가의 기술과 창의력을 필요로 했지만, 생성형 AI가 활용되면서 기존 과정들이 단순화되거나 자동화되었다. 예를 들면 생성형 AI는 간단한 텍스트 입력만으로 시나리오를 생성하거나 복잡한 특수효과를 빠른 시간 안에 구현해 냈다. 시간과 노동, 비용이 획기적으로 줄어드는 효율성이 눈앞에 나타난 것이다(고삼석, 2024). 이러한 효율성은 영상 제작자들에게 거부할 수 없는 유혹이 되었으며 영화, 광고, 소셜 미디어 숏폼 등 다양한 분야에서 새로운 창작 가능성을 열어 줬다(이한진 외, 2024).

생성형 AI는 창작의 문턱을 낮춤으로써 이전까지 전문 장비나 기술에 접근할 수 없었던 일반 대중도 고품질의 콘텐츠를 제작할 수 있도록 돕고 있다(서현경, 2024). 전문가만이 아니라 학생, 스타트업, 아마추어 창작자 등 누구나 창작에 참여할 수 있는 시대가 열린 것이다. 영상 제작은 이제 더 이상 특정 집단의 전유물이 아니라 누구나 참여할 수 있는 창작의 장이 되었다. 다양한 배경과 경험을 가진 일반 대중이나 자원이 부족한 소규모 창작자들에게 생성형 AI는 새로운 기회가 된다. 특히 Z세대와 알파세대는 디지털 기술에 익숙하며 생성형 AI 기반 도구들을 자연스럽게 받아들인다. 이들에게 생성형 AI는 창작 과정의 일부로 자리잡고 있다. 생성형 AI를 활용한 영상 제작 교육은 이들 세대가 창작의 기본기를 익히고 이를 확장해 자신의 목소리를 낼 수 있도록 돕는다. 미래 사회에서 기술 활용 능력은 필수적인 역량이 될 것이고, 생성형 AI 도구를 적절히 사용하고 창작 과정에서 이를 통합적으로 적용하는 능력은 미래 세대 교육의 중요 가치가 될 것이다.

생성형 AI 영상 제작 교육이 필요한 또 다른 이유는 급증하는 콘텐츠 수요 때문이다. 글로벌 OTT, 소셜 미디어의 성장은 영상 콘텐츠의 수요를 지속적으로 증가시키고 있다. 이런 환경에서 효율적이고 창의적인 영상 제작이 가능한 인재는 점점 더 큰 가치를 지니게 될 것이다. 생성형 AI 영상 제작 교육은 이러한 미래에 요구에 부합하는 창작자를 양성하는 방법이다.

하지만 이러한 변화 속에서 생성형 AI 기술이 무분별

하게 사용되는 부작용도 나타났다. 영상 콘텐츠 시장에 무료 또는 저렴한 비용으로 만들어지는 생성형 AI 산출물이 범람하기 시작했다. 아마추어 개인 크리에이터가 만드는 유튜브, 틱톡, 쇼츠 같은 콘텐츠뿐만 아니라 방송, 광고와 같은 프로페셔널 영상 제작자들이 만드는 영상까지 생성형 AI 산출물이 넘친다(박선주, 2024). 숏폼 동영상을 시청하다가 생성형 AI로 제작한 영상을 볼 때 처음에는 신선하고 놀라웠지만, 차츰 식상해지고 지루해지고 있음을 느낄 수 있다.

따라서 이제는 생성형 AI를 효과적으로 활용하기 위한 체계적인 교육이 필요하다. 생성형 AI 도구의 사용법을 배우는 것뿐만 아니라 창작 과정에서 생성형 AI가 어떤 역할을 수행할 수 있는지, 기존 창작 원칙과 어떻게 융합할 수 있는지를 이해하는 것이 중요하다. 또한 생성형 AI 기술을 윤리적이고 책임감 있게 사용하는 방법에 대한 교육도 반드시 필요한 시점이다.

생성형 AI와 영상 제작 기본의 이해

영상 제작에 생성형 AI를 활용할 수 있는 분야는 텍스트 생성, 이미지 생성, 영상 생성, 오디오 생성 등으로 구분할 수 있다. 챗지피티, 클로드, 제미나이(Gemini)와 같은 언어 모델을 사용해 시나리오나 드라마 대본, 스토리보드 등의 텍스트를 만들어 낼 수 있다. 또한 달리, 스테이블 디퓨전, 미드저니 등과 같은 도구로 이미지 기반 영상 소품이나 배경 제작 등을 할 수 있다. 그리고 런웨이, 클링, 피카, 드림머신 등과 같은 도구를 사용해 복잡한 영상 효과를 구현할 수 있다. 일레븐랩스, 수노, 유디오 등을 사용하면 효과음을 만들거나 배경음악을 제작할 수도 있다.

가장 기본적인 영상 제작 단계는 기획, 제작, 후반 작업의 세 단계로 나눌 수 있다(송윤희, 2019). 각 단계에서 생성형 AI를 어떻게 사용할 것인가를 명확히 해야 제대로 된 영상 콘텐츠를 제작할 수 있다. 기획 단계에서는 간단한 아이디어나 키워드를 기반으로 스토리를 생성하고, 구체적인 시나리오를 작성할 수 있다. 이는 창작자가 아이디어를 발전시키는 시간을 절약하고 더욱 창의적인 방향으로 작업을 확장할 수 있도록 도와준다. 제작 단계에서는 생성형 AI를 활용해 배경이나 캐릭터 디자인 등을 자동으로 생성해 시각적 디자인에 소요되는 시간을 줄일 수 있다. 또한 촬영 시뮬레이션을 통해서 카메라의 구도와 움직임 등을 가상으로 만들어 볼 수 있다. 현실적으로 구현하기 어려운 장면이나 복잡한 특수 시각 효과가 들어가는 작업도 생성형 AI 도구를 이용해서 간단히 만들어 볼 수 있다. 마지막으로 영상 제작에서 가장 많은 시간과 비용이 소요되는 후반 작업 단계에서는 생성형 AI가 할 수 있는 작업이 더 많다. 생성형 AI는 색 보정, 편집, 음향 효과 추가 등을 자동화해 효율성을 크게 높일 수 있다. 예를 들어 색 보정 작업 시 특정 영상 스타일에 맞춘 색 보정을 한 번의 클릭으로 모두 구현할 수도 있다.

이러한 작업은 창작자가 기본적인 영상 제작 단계를 정확히 이해하고 있는 상태에서 생성형 AI 도구를 적절하게 사용했을 때 성공적으로 이뤄진다. 생성형 AI 영상 제작 교육에서 기본적인 영상 제작 단계를 이해해야 하는 이유다.

생성형 AI 영상 제작 교육의 주요 구성요소

생성형 AI 영상 제작 교육은 기술적 이해, 창작 기법, 윤리적 관점, 실습 중심의 학습 등 크게 네 가지를 중심으로 이뤄져야 한다. 교육 과정은 생성형 AI 도구의 활용법을 배우는 것에서 시작해 창의적 스토리텔링과 기존 영상 문법과의 융합, 그리고 윤리적 문제 해결 능력까지 아우르는 포괄적인 학습이 필요하다.

먼저 기본적인 생성형 AI 도구에 대한 이해를 바탕으로 영상 제작 단계에서 어떤 도구를 사용할 것인지를 창작자가 스스로 결정할 수 있게 교육해야 한다. 또한 언어 모델, 이미지 생성 도구, 영상 생성 도구 등 수많은 종류의 생성형 AI 도구를 융합해 사용할 수 있는 사고력을 교육해야 한다. 처음 생성형 AI 영상 제작을 시도하는 사람들은 대부분 어떤 도구를 사용했는지를 물어본다. 그러나 특정 도구를 사용했을 때만 원하는 결과물이 만들어지는 것이 아니다. 결국은 사용자가 창의적인 생각으로 다양한 방법을 조합했을 때 원하는 결과물을 얻는 것이다. 예를 들어 그림을 그릴 때 같은 색깔의 물감을 사용해도 화가에 따라 예술적, 미적 감각이 다르면 다른 배색과 표현이 만들어지는 것과 같은 원리다.

다음으로는 스토리텔링 기법을 충실히 익혀야 한다. 생성형 AI는 창작자가 간단한 키워드만 입력해도 시나리오나 대본을 생성할 수 있다. 하지만 결과물은 창작자의 의도대로 나오지 않을 확률이 매우 높다. 이것을 다시 창작자가 원하는 방향으로 수정하고 재창조해야 한다. 특정 장면의 분위기, 등장인물의 대사 등을 생성형 AI가 생성한 초안에서 창작자가 재구성할 수 있어야 한다(서현경, 2024). 스토리텔링은 단순한 이야기 구성에 그치지 않는다. 시청자에게 효과적으로 메시지를 전달할 수 있도록 구성하는 방법이다. 이를 위해 스토리텔링 교육에서는 생성형 AI가 제시한 결과물을 창작가의 의도에 맞게 수정하고 발전시키는 방법과 생성형 AI가 제공하는 데이터나 시각적 요소를 스토리에 맞게 조정하는 방법을 가르쳐야 한다.

스토리텔링을 잘 구현했다면, 다음으로 필요한 것은 적절한 영상 문법으로 이야기를 시각화하는 것이다. 이를 위해서는 전통적인 영상 문법에 대한 교육이 필요하다. 영상 제작의 기본 원칙인 구도, 편집 리듬, 카메라와 연기자의 움직임 등 전통적인 영상 문법은 여전히 중요하기 때문이다. 이런 기본 원칙을 배우고, 생성형 AI가 생성한 콘텐츠와 어떻게 결합할 수 있는지 이해하도록 교육해야 한다. 더 나아가 생성형 AI를 활용해 기존 영상 문법을 확장할 수 있는 창의적 사고력도 교육해야 한다. 생성형 AI는 아무리 학습이 잘 되어 있다고 해도 기존 영상 문법에 어울리지 않는 스타일이나 비정형적이고 독창적인 표현 방식을 제안할 수 있다. 영상 제작 교육은 이러한 경우를 제외하거나 버리지 않고 융합해 창작자들이 기존 틀을 넘어설 수 있도록 돕는 방향으로 이뤄져야 한다.

마지막으로 영상 제작 교육은 저작권법에 대한 기본 이해를 가르치고 생성형 AI 사용에 대한 윤리적 책임을 강조해야 한다. 생성형 AI를 사용할 때 발생할 수 있는 법적 문제를 예측하고 이를 해결하는 방안에 대한 교육도 함께 이뤄져야 한다. 또한 생성형 AI를 사용한 창작 과정에서 투명성을 지키도록 교육해야 한다. 생성형 AI의 창작물과 인간의 창작물을 정확하게 구분하고 투명하게 공개하는 책임의식을 가르쳐야 한다. 이러한 교육이 기본이 되지 않을 경우, 생성형 AI로 생성된 영상 콘텐츠는 우리의 창작 생태계를 파괴할지도 모른다. 어린 시절 윤리 의식 교육이 중요하듯 생성형 AI 영상 제작도 새롭게 시작하는 교육이므로 이러한 윤리적 책임을 다할 수 있는 교육이 반드시 포함되어야 한다.

창작의 새로운 시대를 준비하는 방법

생성형 AI 기술은 계속해서 발전할 것이다. 멀티모달 AI(텍스트, 이미지, 음성, 영상 등을 통합적으로 처리하는 AI)는 점점 진화하여 인간과 동일한 학습 형태를 띠게 될 것이다(고삼석, 2024). 이를 반영해 생성형 AI 영상 제작 교육을 지속적으로 업데이트할 필요가 있다. 텍스트와 이미지, 오디오를 생성하는 단계를 넘어 음성과 동작이 결합한 인터랙티브 콘텐츠 제작을 가능하게 하는 시대가 열리고 있다. 이러한 변화에 맞춰 영상 제작 교육은 최신 기술을 실질적으로 활용할 수 있는 것에 초점을 맞춰야 한다. 지속적인 기술의 진화와 교육의 연계는 미래의 영상 제작자를 양성하는 데 필수적인 교육 요소가 될 것이다.

참고문헌

고삼석(2024.10.8). [고삼석 칼럼] 엔터테인먼트와 기술의 결합이 만들 할류의 미래, 지디넷코리아. https://zdnet.co.kr/view/?no=20241008171212

고재형 · 한정엽(2024). 생성형 AI 기술기반 영상 제작 수업을 위한 PBL 교육방안 – 영상 제작 프로세스를 중심으로 –. ≪한국공간디자인학회논문집≫, 19(7), 621–628.

김동은(2024.8.23). BM북 제7장 영상산업BM–7.1 개요, 역사. 브런치스토리. https://brunch.co.kr/%40whtdrgon/211

박선주(2024.6.27). 누구나 'AI 크리에이터'가 되는 영상콘텐츠 창작의 시대. 엔드뷰. https://n-view.kr/n-now/culture/5654

서현경(2024). 생성형 AI를 활용한 사용자 맞춤 영상 제작 활용 가능성 분석. ≪한국컴퓨터정보학회논문지≫, 29(11). 127–136.

손영화(2023). 생성형 AI에 의한 창작물과 저작권. ≪법과정책연구≫, 23(3), 357–389.

송윤희(2019). 영화 제작과정 기록화 방안. 한신대학교 석사학위논문.

신용우(2023). 생성형 AI 관련 저작권 쟁점과 대응 방안. 한국문화정보원, 문화정보 이슈리포트, 2023–2호(제42호).

어비월드(2024.11.6). 카메라 없이 만드는 영상 제작의 시대, 생성형 AI가 이끄는 창작의 혁신. Samsung Semiconductor Newsroom. https://bit.ly/3AkJwOm
윤영선(2024). 생성형 AI와 저작권 침해 이슈의 기술적 고찰. ≪한국소프트웨어감정평가학회 논문지≫, 20(3), 1-11.
이한진 외(2024). AI기술의 영상 제작 분야 영향력 확대에 관한 전망과 쟁점. ≪한국인터넷방송통신학회논문지≫, 24(4). 107-112.
주일(2023.7.14). 영상 제작에 도입된 인공지능 기술 사례와 쟁점들. ACT! 136호 이슈와 현장. https://actmediact.tistory.com/1826

김광집

서울예술대학교 영상학부 교수이자 생성형 AI 콘텐츠와 버추얼 휴먼 전문 제작사인 스튜디오메타케이의 대표다. 서울예술대학교를 졸업 후 샌프란시스코주립대학교에서 학사, 뉴욕시립대학교에서 제작석사(MFA), 광운대학교에서 공학박사를 받았다. 애플의 Final Cut Pro 국제 공인 트레이너이며, 미국 디지트로브(Digitrove,Inc)에서 VFX 프로듀서로 재직하며 〈지아이조(G.I.Joe)〉(2009), 〈아이언맨(Iron Man)〉(2008) 외 다수의 할리우드 영화와 광고, 게임 제작에 참여했다. AI영상, 가상현실(VR) 콘텐츠 및 다양한 특수영상 분야의 제작 경험을 가지고 있다.

윤권수

서울예술대학교 영상학부 교수이자 촬영감독, 프로듀서, 영화감독이다. 한양대학교 연극영화학과를 졸업 후 연세대학교 언론홍보대학원에서 석사학위를 받았다. 문화방송에서 촬영감독으로 재직하며 한국방송촬영인협회(KDPS) 회장, 기아크리에이터 총괄디렉터, 한국콘텐츠진흥원 Focus On Staff 교육자문위원, 한국PD연합회 교육위원으로 활동했다. 주요 저서로 『초고화질 콘텐츠 영상품질 기술 가이드』(2021), 『초고화질 콘텐츠 제작 가이드』(2020), 『UHD HDR 콘텐츠 제작 가이드』(2018) 등이 있다. 주요 작품으로 넷플릭스 〈피지컬:100〉(2023), 〈먹보와 털보〉(2021), MBC드라마 〈연인〉(2023), 〈어쩌다 발견한 하루〉(2019) 등이 있다.